超一流の思考法

侍ジャパンはなぜ世界一になれたのか?

鶴岡慎也

SB新書
628

はじめに

①「球運」は突然、投げられてきた

第5回WBC（ワールド・ベースボール・クラシック）は、不振にあえいでいた村上宗隆《むねたか》選手（ヤクルト）が準決勝のメキシコ戦でサヨナラ打。

続く決勝のアメリカ戦、投打二刀流の大谷翔平選手（エンゼルス）が、現役最強打者の呼び声高いマイク・トラウト選手（エンゼルス）を空振り三振に斬って取って世界一。まるで日本野球の神様がシナリオを書いたのではないかと思うぐらい、ドラマチックな幕切れでした。

私は現役時代、実は13年WBCに選手として「侍ジャパン入り」「世界一」をめざしていました。12年にパ・リーグのベストナイン捕手に選ばれていたからです。その悲願は叶いませんでした。

しかし10年後、思ってもいなかった「ブルペンキャッチャー」の立場で、歓喜の瞬間を味わえたのです。幸せの限り。感動を分けてくれた監督・コーチ・選手の皆さんに感謝の気持ちでいっぱいです。

日本ハム時代の私は、ダルビッシュ有投手の「専属キャッチャー」的存在であり、大谷翔平選手の「プロ初勝利キャッチャー」でもありました。

今回のスタッフは、日本ハム・栗山英樹監督時代のコーチが多かったのですが、当時の私も選手兼任コーチを務めていました。そんな経緯もあって、「ブルペンキャッチャー」として、お声掛けいただいたわけです。

ご存じかとは思いますが、ブルペンキャッチャーとは、投球練習専用の場所（ブルペン）で、試合前にピッチャーが調整する投球を受けるキャッチャーのことです。

思えばまず昨22年の10月ころ、栗山監督のマネージャーの岸七百樹《なおき》氏から電話がかかってきました。岸マネージャーと私は同い年。日本ハム時代は、12年栗山監督就任時の「監督付きマネージャー」と「選手会長」という間柄でもありました。だから「久しぶりに飲みに行こうぜ！」の誘いかと思ったのです。

「おお岸さん、久しぶり。どうしたの？」

「ツルちゃん、来年の2月、3月って忙しいよね？　実は栗山さんから話があってね。『WBCで侍ジャパンが世界一になるにはブルペンが大事。だから、ツルちゃんにぜひブルペンキャッチャーを引き受けてほしい』。そんな相談なんだよ」

「え、ちょっと待って。いきなりそう言われてもオレ、丸1年ピッチャーの球を受けてないよ。それに一応解説者だから、結構仕事のスケジュールが入っていて……」

「ちょっと、考えてみてくれない？」

解説を務める「GAORA SPORTS」さん（CSデジタル放送）のご厚意もありました。熟考の末、キャンプ中継のスケジュールをやりくりしていただき、引き受けることになったのです。

②ブルペンキャッチャーだけが見られた「最高の景色」

おかげでブルペンキャッチャーにしか見られない「最高の景色」を見ることができ

たのです。「日本野球の歴史が作られる」直前の最高の場に居合わせたのは、私と梶《かじ》原有司《わらゆうじ》君（日本ハム）の2人だけでした。

3月22日、アメリカのフロリダ州マイアミの球場ローンデポ・パーク。決勝のアメリカ戦の7回。WBC世界一を獲《と》るために、ダルビッシュ有投手と大谷翔平選手のレジェンド2人が、「侍ジャパン」のユニフォームを着てブルペンで並んで肩ならしをしているのです。梶原君と隣同士で投球を受けながら、言葉を交わしました。

「ツルさん、凄《すご》い景色ですね」

「……だよな。普通に考えてこんなの見られないよ。この仕事を任されたオレたちの特権だよ」

ダルビッシュ投手は「日本が勝っていたら8回表に登板」ということが決まっていたので、それに向けて極限まで集中力を高めていきました。

DHも兼ねていた大谷選手は、7回裏に全力疾走して内野安打をもぎ取ったあと、約100メートル離れた球場左中間に位置するブルペンとの往復。フィジカル的にもメンタル的にも大変だったと思います。打者走者としてのプレーで、ユニフォームを泥だらけにした大谷選手がマウンドに登る姿は神々《こうごう》しかったですね。

8回、9回と、2人がそれぞれブルペンからマウンドに向かっていく光景が、今もまぶたに焼き付いています。そして、大谷選手とトラウト選手が対戦するあのクライマックスシーンを迎えるのです。

世界一に輝く過程で、私は監督・コーチ・選手の「超一流の考え方」「超一流としての力」に接しました。あんなに素晴らしい舞台、あんなに素晴らしい選手たちのこと。私には「言葉や文字でしっかり伝えていかねばならない」という使命感が生まれました。今回、書籍を出版させていただくのもその1つです。

書籍にまとめるにあたって、第5回WBCはもちろん、特に私が現役時代から知る関係者については、かつての話も織り交ぜながら解説しています。特に栗山監督、ダルビッシュ投手の2人には、現役時代も大変お世話になりました。当時からWBCにいたるまでも描くことで、彼らが超一流たる理由がよりよく伝わるものと思っています。

この本は、言わば「WBCノート」。球児が読むのでも、お父さんが息子さんへ読み聞かせるのでもいいと思います。いずれにせよ日本プロ野球界の普及発展のために、歴史の語り部《べ》として微力ながらお役に立てるのなら、望外《ぼうがい》の喜びです。

栗山英樹監督の背番号、89＝野球（やきゅう）にかけて、「89の話」を集めました。詳しくは本編に譲りましょう。

編集部注／本文内において、ドラフト年度は「指名された年度」ではなく、「プレーを始めた年度」を記載しています。成績は22年終了時点のものです。また、背番号は第5回ＷＢＣでのものに準じています。

第5回WBC世界一の軌跡

【1試合目】1次ラウンド3月9日（東京ドーム）

	1	2	3	4	5	6	7	8	9	計
中国	0	0	0	0	0	1	0	0	0	1
日本	1	0	0	2	0	0	1	4	×	8

【中国】●王翔、王唯一、孫海竜、蘇長竜、伊健、王宇宸―李寧
【日本】○大谷、戸郷、湯浅、伊藤―甲斐
〈本塁打〉梁培1号ソロ（6回）、牧1号ソロ（7回）

【戦評】ヌートバーの1回初球安打、押し出し四球で先制。7回に牧のソロで突き放した。大谷が4回無失点、第2先発・戸郷が一発を浴びたが、3回7奪三振の力投。

【鶴岡感想】攻撃陣は5回まで11四死球で3得点と、中国投手陣を完全に攻略できなかった。そんな中、6回に失点。知らない相手と戦う一発勝負の国際大会の怖さを痛感した。

【2試合目】1次ラウンド3月10日（東京ドーム）

	1	2	3	4	5	6	7	8	9	計
韓国	0	0	3	0	0	1	0	0	0	4
日本	0	0	4	0	2	5	2	0	×	13

【韓国】●金広鉉、元兌仁、郭彬、鄭哲元、金允植、金元中、鄭又栄、具昌模、李義理、朴世雄―梁義智
【日本】○ダルビッシュ、今永、宇田川、松井、髙橋宏―中村、大城
〈本塁打〉梁義智2号2ラン（3回）、近藤1号ソロ（5回）、朴健祐1号ソロ（6回）

【戦評】ダルビッシュが2ランを含む3回3失点。今永もソロを浴びたが、3回1失点。日本キラー・金から5番吉田の2点打ですかさず逆転。韓国10投手を打ち崩した。

【鶴岡感想】日韓戦は過去の戦いの歴史もあって、選手たちから特別な緊張感が伝わってきた。ダルビッシュ投手は今季初対外試合ながらも3回3失点、吉田選手の2点逆転打はさすが。

【3試合目】1次ラウンド3月11日（東京ドーム）

	1	2	3	4	5	6	7	8	9	計
チェコ	1	0	0	0	1	0	0	0	0	2
日　本	0	0	3	4	1	0	0	2	×	10

【チェコ】●サトリア、フラウチ、トメック、デュフェク、カプカ、ラビノヴィッツ—セルヴェンカ、ヴァブルサ
【日本】○佐々木朗、宇田川、宮城—甲斐
〈本塁打〉牧2号ソロ（8回）

【戦評】佐々木が164キロで3回2／3を8奪三振、宮城が5回7奪三振。二塁打とエラーで先制を許すが、5番吉田が逆転2点打。日本は2戦連続2ケタ得点。

【鶴岡感想】チェコ先発投手の緩い125キロのストレートを打ちあぐね、3回には大谷選手が三振。野球というスポーツは、初見では投手が圧倒的有利であることを改めて実感。

【4試合目】1次ラウンド3月12日（東京ドーム）

	1	2	3	4	5	6	7	8	9	計
日　本	3	2	0	1	1	0	0	0	0	7
オーストラリア	0	0	0	0	0	0	0	0	1	1

【日本】○山本、高橋奎、大勢、湯浅、高橋宏—中村、大城
【オーストラリア】●シェリフ、ウィルキンス、タウンゼント、ドーラン、ヴァンスティーンゼル、ガイヤー、ホランド—パーキンス
〈本塁打〉大谷1号3ラン（1回）、ホール1号ソロ（9回）

【戦評】第1先発・山本4回8奪三振、第2先発・高橋奎2回無失点で快勝。大谷が初回3ラン。1番ヌートバーが4試合連続安打、9番中村が3安打。

【鶴岡感想】事前の日本キャンプでニルソン監督は「打線はパワフル、投手はコントロールに優れる」と発言。ハマったら怖いと感じていたが、初回の大谷選手3ランが不安をすべて打ち消した。

第5回WBC世界一の軌跡

【5試合目】2次ラウンド準々決勝3月16日（東京ドーム）

	1	2	3	4	5	6	7	8	9	計
イタリア	0	0	0	0	2	0	0	1	0	3
日　本	0	0	4	0	3	0	2	0	×	9

【イタリア】カステラーニ、●ラソーラ、パランテ、ニットーリ、マルシアーノ、フェスタ、スタンポ―サリバン
【日本】○大谷、伊藤、今永、ダルビッシュ、大勢―甲斐、中村
〈本塁打〉Do・フレッチャー1号ソロ（8回）、岡本1号3ラン（3回）、吉田1号ソロ（7回）

【戦評】3回、大谷のバント安打をきっかけに、4番吉田の内野ゴロで先制、続く岡本が3ラン。先発・大谷が4回2／3を2失点、13年ぶりリリーフのダルビッシュが2回1失点。

【鶴岡感想】イタリアのピアザ監督は、ドジャース時代に野茂英雄投手とバッテリーを組んだ。右打者に三遊間を狭める大胆な守備シフトに対し、岡本選手貫禄の3ランと右越2点打。

【6試合目】2次ラウンド準決勝3月21日（米ローンデポ・パーク）

	1	2	3	4	5	6	7	8	9	計
メキシコ	0	0	0	3	0	0	0	2	0	5
日　本	0	0	0	0	0	0	3	1	2×	6

【メキシコ】サンドバル、アルキーディ、ロメロ、クルーズ、レイエス、●ガイェゴス―バーンズ
【日本】佐々木、山本、湯浅、○大勢―中村、甲斐、大城
〈本塁打〉ウリアス1号3ラン（4回）、吉田2号3ラン（7回）

【戦評】先発の佐々木が3ランを浴び、7回に吉田の同点3ランで追いつくも山本が8回に失点、走者を残して湯浅がタイムリーを浴びる。その裏、山川が犠飛。9回無死一、二塁から村上がサヨナラ2点二塁打。

【鶴岡感想】先発左腕サンドバルの左打者へのスライダーが切れ味抜群。負ける展開だった。9回無死一、二塁。打席に漂う村上選手の復調気配は、同点打か逆転打を予感させた。

【7試合目】2次ラウンド決勝3月22日（米ローンデポ・パーク）

	1	2	3	4	5	6	7	8	9	計
アメリカ	0	1	0	0	0	0	0	1	0	2
日　本	0	2	0	1	0	0	0	0	X	3

【アメリカ】●ケリー、ループ、フリーランド、アダム、ベドナー、ウィリアムズ―リアルミュート
【日本】○今永、戸郷、髙橋宏、伊藤、大勢、ダルビッシュ、S大谷―中村
〈本塁打〉ターナー5号ソロ（2回）、シュワバー2号ソロ（8回）、村上1号ソロ（2回）、岡本2号ソロ（4回）

【戦評】今永2回1点、戸郷2回零封。計7投手継投。要所のフォークが米打線に効果的だった。前日の勢いそのまま村上同点弾、ヌートバー内野ゴロの間に加点。岡本ソロで突き放す。

【鶴岡感想】メジャーのスター軍団をソロ2発に抑えた「侍ジャパン」投手陣のレベルの高さを感じた。日本の誇る若き大砲も負けじと2発。「日本野球の歴史が動いた瞬間」を体感した。

もくじ

第2章　ダルビッシュ有投手の「野球脳」

第3章　大谷翔平選手の「リーダーシップ」

第4章　スラッガーたちの「調整力」

もくじ

第5章 エースたちの「思考法」

第1章

栗山英樹監督の「信じる力」

#89●栗山英樹＝61年生まれ（62歳）。東京都出身。
創価高→東京学芸大→ヤクルト（84年ドラフト外～90年）
現役通算7年＝４９４試合３３６安打、打率・２７９、７本塁打、67打点
主な記録＝ゴールデングラブ賞１、１試合4犠打（日本タイ記録）
12年から日本ハム監督を10年務める。リーグ優勝2度、日本一１度

③スポーツキャスターとしての栗山英樹

栗山英樹監督は２０１２年に日本ハムの監督に就任しました。以来21年まで10年間の在任期間で、12年にリーグ優勝、16年に日本一に輝いています。

私（鶴岡慎也）は03年に日本ハムに入団して13年まで在籍し、ＦＡで14年にソフトバンクに移籍。18年から再びＦＡで日本ハムに復帰しました。

つまり、12年はレギュラー捕手として栗山監督と優勝を分かち合い（１１６試合出場）、16年はライバル捕手として栗山監督の優勝を見つめ（１０３試合出場）、19年（35試合出場）からの3年間は選手兼任コーチとして栗山監督をお手伝いしたのです。

栗山監督が日本ハム監督に就任した12年から、早や10年以上関わらせていただいています。偉ぶったり、感情に任せて頭ごなしにモノを言ったりということはまったくない方です。

もちろん叱咤激励《しったげきれい》はあります。「お前が打たなきゃダメなんだよ」とか。それは選手に対しての期待であって、選手も嫌な感じはしません。

栗山監督がまだテレビ朝日『報道ステーション』のスポーツキャスターを務められていたころ、何度かグラウンド上でお話しさせていただく機会がありました。11年日本ハムの春季キャンプ（沖縄・名護）にもいらっしゃいました。当時まだ日本ハムに在籍していたダルビッシュ投手のことや、入団したばかりの斎藤佑樹投手のことを、キャッチャーの私にも取材したのです。

だから、監督就任時もまったくの初対面というわけではありませんでした。取材時のあの笑顔といい、物腰柔らかなしゃべり方といい、さわやかで好感の持てる方というイメージを抱いていました。

④栗山英樹をネットで検索した

そのオフ、梨田昌孝《なしだまさたか》監督の後任候補として、栗山氏の名前が挙がります。

「えっ、栗山さんが監督？　現役時代も日本ハムとまったく関係ないし、コーチ経験も皆無だけど、本当にやるの？」

「どういう人なんだろう。どんな野球観を持っているのだろう」

栗山監督の現役時代を私はほとんど知らないので、インターネットで検索しました。

「ゴールデングラブ賞を1度受賞しているんだな。『メニエール症候群』という、めまいや耳鳴りのする病気で、志半ばで現役引退したんだな」

日本ハムの監督就任時の全選手を前にしての「所信表明」も、まったく記憶にありません。あったのかな？（笑）　ただ覚えているのは、10分とか20分とかの長めではないですが、隙間《すきま》時間を見つけて1人ひとり個別に呼んで、全員とミーティングをしたことです。他の選手と何の話をしたのかは知りませんが、私はこう言われました。

「ツル、お前にピッチャーのことは全部任せるから、ピッチャー陣をいい方向に導いてくれ。守りの中心で、しっかりとチームを引っ張っていってくれ」

私は現役時代の19年間、他の捕手と併用されるキャッチャーでした。とはいえ、06年からはチーム内でマスクをもっとも多くかぶる捕手でもありました。その分、僭越《せんえつ》ながらピッチャーのことを一番把握している自負はあったのです。でも、そうやって信頼の言葉をいただけると、選手として改めてやる気になるものです。

だから、第一印象からもの凄くよかったわけです。取材するキャスターと自チームの監督では立場がまったく違いますし、こちらとしても正直、身構える部分がありました。しかし、キャスター時代と同じくらいのフランクな感じで話しかけてもらい、チーム内のことも把握してくれていたことが分かり、最初から信頼が置けました。

⑤的確な方向性の就任メッセージ

当時、野手陣のチームリーダーは稲葉篤紀《いなばあつのり》選手。1番二塁・田中賢介、2番一塁稲葉、3番右翼・糸井嘉男《よしお》、4番左翼・中田翔、5番指名打者ターメル・スレッジ、6

番三塁・小谷野栄一《こやのえいいち》、7番中堅・陽岱鋼《ようだいかん》、8番捕手は私と大野奨太《しょうた》、9番遊撃・金子誠。

「レギュラーがほぼ固定されているから方向性さえ示せば、今の戦力で十分勝負できるだろう。自由にやってくれ、頼りにしているよ」

私がコーチになってから聞いたのですが、そういうふうに思っていたらしいです。だから、「打線が機能しなくなったら、打順を変えてチームをマネジメントしよう」というスタンスだったように思います。

ただ、ピッチャーに関しては、斎藤佑樹投手（11年6勝6敗）を開幕投手にしたのには、栗山監督の確かな思惑があったと思います。開幕2戦目はエース・武田勝《まさる》投手（3年連続2ケタ勝利。11年11勝）で取れると計算して、打線のカバーで斎藤投手が勝ったら、チームも斎藤投手本人もそのまま勢いよくいけるだろうと。

そういえばシーズン前、監督室に主力野手だけ集められたことがありました。

「開幕投手は斎藤佑樹でいきます。ここにいる君たちがカバーしてほしい」

今思えば、それが栗山監督のチームへの所信表明なり、メッセージなりだったのかもしれないです。

――斎藤佑樹や吉川光夫《よしかわみつお》を先発ローテーションに組み込む。野手陣で盛り上げて、若いピッチャーを育てよう！

⑥技術指導ではなく、メンタル面で花開かせる

栗山監督が日本ハム監督に就任した12年、入れ替わるようにして、ダルビッシュ投手がポスティングシステムを活用してメジャー入りしました。11年18勝を挙げた「絶対エース」が移籍してしまって、チームの戦力低下は明白でした。

しかし、その12年に日本ハムはリーグ優勝し、MVPを受賞したのは吉川光夫投手でした（その後、巨人→日本ハム→西武と移籍）。吉川投手は広島・広陵《こうりょう》高を卒業したプロ1年目の07年、いきなり4勝をマークしましたが、翌年2勝。その後3年間無勝利。それがいきなり14勝という大飛躍を遂げたのです。

吉川投手は前年の11年、ファームながら最多勝、最優秀防御率、最多奪三振と、向かうところ敵なしで、タイトルを独占しました。

「ファームでは無双状態。でも、1軍に上げたら結果が出ない」――そういうタイプの選手でした。しかし、「吉川は絶対に花開く。でも、そこに持っていくのは技術指導じゃなくてメンタルだ」ということを、栗山監督は見抜いていたのです。

10年以上見てきて、栗山監督がとても厳しく接する選手はあまりいませんでした。私の記憶の中では、吉川投手、大谷翔平選手、清宮幸太郎選手の3人ぐらいです。メディアに何度もこう語っていました。

「今年、吉川光夫がダメだったら、私が彼のユニフォームを脱がせます」

選手は、メディアを通して監督の発言を絶対見聞きするものです。それが期待の言葉か、嫌味の言葉か、監督の話し方やニュアンスで選手は敏感に察知します。

あの12年、プロ入り2年目の開幕投手・斎藤佑樹投手が6月までに5勝を挙げました。同い年の吉川投手は華やかな斎藤投手の陰《かげ》に隠れていましたが、開幕先発ローテーションの3番手に入ったのです。シーズン初戦、黒星ながら1失点と好投。それがきっかけで自信を持って、何の迷いもなく腕が振れるようになりました。5年ぶりの勝利で波に乗り、セ・パ交流戦で4勝するなど、あとはトントン拍子でした。

左腕から繰り出すMAX150キロ超のストレート、140キロのスライダー、大きく縦に割れる130キロのカーブ……。受けていてまったく打たれる気がしませんでした。

⑦栗山監督の「言葉の力」

それでも栗山監督は吉川投手に「まだまだ、お前の力はそんなものじゃない」という言葉をずっとかけていました。そういう選手を奮い立たせる「言葉の力」が、栗山監督にあったと思います。キャスターをやっていただけあって、そのあたりはさすがです。

相手の性格を見て、言葉をかけるタイミングも絶妙でした。出てくる選手というのは、ほうっておいてもいずれは第一線に出てくるでしょう。ただ、言葉かけにより成長速度は上がります。潜在能力を顕在化させる成長曲線は急カーブを描くと思います。

大谷翔平選手には「絶対にほめない」と、最初から決めていたに違いありません。ほめることで伸びる選手もいる一方で、ほめた時点で無限の可能性を秘めた選手の「限界を決める」「伸びしろを否定する」ことになってしまいかねません。ほめられた本人が「こんなものでいいか」と感じてしまうと思うのです。

古い野球記者に聞きましたが、栗山監督はスポーツキャスター時代、高校2年生の11年当時から大谷選手に注目していたようです。

だから大谷選手が「投打二刀流」をこなし始めたときでも、「165キロを投げた」ときでも、決して称賛はしませんでした。実際は誰が見ても凄いです。栗山監督の「まだこんなものじゃない」の言葉によって、世間が考える大谷選手のパフォーマンスの上限を取り払い、大谷選手がその期待に応える。その構図を栗山監督が作ったような気がします。

⑧「潜在能力を顕在化させる」スイッチ

実際、栗山監督の私に対する言葉のスイッチは「ピッチャーを任せる」ばかりか、打撃面にも及びました。私は11年ごろまであまり打てていませんでした。

「ツル、オレはお前の打撃も信用しているんだよ。あれだけバットにコンタクトできる能力があれば、もっと数字を残せる。今年は２割８分を打ってもらうよ」

「代打を出さないから逃げられないよ（笑）。覚悟を決めてバッターボックスに立ってくれ」

シーズン前のオープン戦でも、遠征時の食事会場でも、顔を合わせるたび、ことあるごとに繰り返すのです。「ツル、今年は２割８分だからね」って（苦笑）。聞いていた当時の福良《ふくら》淳一ヘッドコーチ（現・オリックスＧＭ）がさすがに言ったものです。

「栗山監督、ツルは２割８分、難しいですよ」

「福良さんも言っているように、栗山監督、たぶん無理です」

「でも、オレは信じている。お前は２割８分打つ！」

そんなやりとりがあったことを私は今でも鮮明に覚えています。

12年、斎藤佑樹投手が初完投勝利した開幕の西武戦で私はスタメンで2安打。そのカードの3戦目、岸孝之投手（現・楽天）のスーパーピッチングの前に0対1で敗れました。それこそ吉川投手が投げた試合です。終盤、私に打席が回ってきました。

（あれ、代打じゃないのかな？）

ネクストバッターズ・サークルで打順を待っていた私は、半信半疑でキャッチャーのレガースを外して打席に向かったのです。

（「代打を出さない」って、本当だったんだ。もう、打つしかないじゃん）

2ストライクに追い込まれましたが、外角のチェンジアップに手を伸ばした打球は、遊撃・中島宏之《なかじまひろゆき》選手の頭上を越えるレフト前ヒットになりました。

そのシーズンはリーグ優勝。打撃に自信が持てた私の打率は2割そこそこから・266まで上昇。2割8分には届かなかったものの「ベストナイン」に初選出されたのです。

今回のＷＢＣで栗山監督が村上宗隆選手に代打を出さずに打たせた状況とは比べようもないですが、「信じてもらえたこと」は同じです。私の打席の場面、代打が出されていたらどうなっていたでしょうね。

一方で私は「自分で自分の限界を作ってはいけない」ことを学びました。翌13年には代打でも使ってもらいました。そして、規定打席不足ながら打率・２９５をマークしたのです。

30歳を過ぎた私の打撃面という「潜在能力のスイッチ」を押してもらいました。それまでなかなか打てなかったのが、少し打てるようになりました。大した数字は残していないんですけどね（笑）。ＦＡ宣言できるような選手になれたのも、40歳まで現役を続けられたのも、言わば栗山監督のおかげなのです。

⑨選手の成功を心から祈る

そんな「栗山・日本ハム」から、私がなぜＦＡ移籍したのかと思う方もいらっしゃるかもしれません。ただ日本ハムは、最近でも近藤健介選手（現・ソフトバンク）、さかのぼっても増井浩俊《ひろとし》投手（前・オリックス）、大野奨太捕手（現・中日）らの例もあるように、新陳代謝が盛んな中で勝ってきたチームです。

私の場合、プロ野球選手として1度FAで市場に出て勝負しようという思いがありました。妻が北海道出身なので、日本ハムには人一倍愛着があり、悩んだ末のFA権行使の決断でした。

私の野球選手としてのレベルを2ランクほど上げてくれた恩人の栗山監督に最初に報告にうかがいました。

「日本ハムに残ってほしいのはやまやまだけど、ツルの人生なんだから、悔いがないように決断しなさい。どこにいってもオレはお前のことを応援していくから」

涙腺が緩みました。その後、地元・九州のソフトバンクに声をかけてもらったのです。

初対戦のとき、日本ハムのダグアウトの栗山監督に挨拶に出向きました。

「ツル、お前さ……、ソフトバンクのユニフォーム、似合わねえなぁ（笑）」

私が在籍していた当時のソフトバンクは4年間で3度日本一。日本ハムと対戦のたびに栗山監督に挨拶に行ったのですが、「ホークスの強さの秘密って何だよ」と、逆取材されました。もちろん話せませんでしたが……（苦笑）。

17年オフ、私がFA権を再取得したとき、FA選手をあまり獲得しない日本ハムが手を上げてくれました。契約時に栗山監督が同席してくれたのですが、第一声は「帰ってきてくれてありがとう」ではありません。

「来年どうするよ、ピッチャー陣。アリゾナで頼むよ」

もうベテランの域の37歳を迎えるシーズン。2月の春季キャンプは2軍の沖縄でゆっくりマイペース始動になると思っていたのですが、いきなり1軍のアメリカのアリゾナ州でスタート（苦笑）。4年間他球団に在籍したというよりも、あたかも1シーズンのオフを過ごして戻ってきたかのように出迎えてくれました。おかげで、チームに滑《なめ》らかに溶け込めました。

⑩鶴岡が仕えてきた監督の特徴

私は日本ハムではトレイ・ヒルマン監督（06年76試合）、梨田昌孝監督（09年１２２試合）、ソフトバンクでは秋山幸二監督（14年98試合）、工藤公康《きみやす》監督（16年１０３試合）の各シーズン、幸いにも優勝を経験させていただいています。

私が仕えてきた監督は、皆さん優勝しているので、全員が素晴らしい監督なのは間違いありません。ここでは栗山監督がどんな監督かを表現する目的に沿って、敢《あ》えて他の監督たちに感じたことを述べさせていただきます。

ヒルマン監督は、そのときどきの「チーム状況によって何がベストな戦術か」ということを大事にする監督でした。例えば、送りバントは好きではありませんでしたが、07年の優勝時は多用しました（リーグ１位）。

また、選手を固定観念なく見ます。それまで１軍に呼ばれる気配がまったくなかった私は、ヒルマン監督にチャンスをいただき、１軍定着への足掛かりをつかんだのです。

さらに、データを重視し、細かな数字を具体的に出して明確に指示してくれる監督でした。

「三振が多いので減らしなさい。四球が少ないから、10打席に1度は四球を取りなさい。そうやって出塁率を上げなさい」

梨田監督は「近鉄いてまえ打線」の豪快なイメージが強いかもしれません。しかし、攻撃面においては、送る場面では確実に送る。送りバントもスクイズのサインも出す手堅い野球でした。

そして、キャッチャーというポジション出身だけあって、とても守備重視の監督でした。

「打てなくてもいいから、しっかり守りなさい。ワンバウンドを止めて、盗塁を刺して、ピッチャーをしっかりリードしなさい」

09年優勝時、私は打率・221の低打率にもかかわらず122試合も出場しています。普通ならあまり考えられません（ただし、守備率・997はリーグ1位）。

ソフトバンクは、例えるなら「10ゲーム差を離して、10連覇」を求められるチームでした。ＦＡ移籍した私も、14年は約１００試合に出場したのですが、翌年は出場数が半減しました。結果に対しての厳しさがありました。

秋山監督はバッター出身なので、打撃に対する要求が高かったです。「こういう形のほうがいいから試してみなさい」と、肌感覚で打撃をアドバイスしてくれました。

一方の工藤監督はピッチャー出身。「自チームのピッチャーに対しての研究、相手バッターに対する研究を怠らないように」と、キャッチャーへの要求が高い監督でした。

⑪栗山采配は「やらないで後悔するより、やって後悔」

そして、栗山監督をひとことで表現するなら「動く監督」です。動く、仕掛ける。それはヒットエンドランや盗塁やスクイズを仕掛ける、そういう戦法はもちろんですが、シーズンの節目で「この選手を起用する」「こういう打順を組む」などです。

例えば、先述の「斎藤佑樹開幕投手」「12年の中田翔選手（現・巨人）の４番抜擢・

全試合固定」などです。

他の監督なら絶対にやらないけれど、「やらずに後悔するより、やって後悔」して、納得する監督なのかなと思います。

立場を異にし、ライバルチームの1選手として客観視した栗山采配の特徴は、「決断しづらいことを、勇気を持って実行すること」でした。

それは特に「オーダー（打順）」として形に現れていました。

打線で言えば、16年（7月3日）に大谷翔平選手を「打順1番・投手」で起用しています。その試合、大谷選手は先頭打者本塁打をマークして結果を出しました。

投手で言えば、16年に大谷翔平選手、有原《ありはら》航平投手、高梨裕稔《たかなしひろとし》投手の先発3本柱をソフトバンク戦に3カード連続でぶつけてきたことです。「先発3本柱だから」と言ってしまえばそれまでですが、試合日程の関係で少しはズレるものなのに、徹底ぶりを感じました。

さらには15年に自身最多の39セーブをマークしたストッパーの増井浩俊投手。16年に調子が上がらないと見るや、8月から先発に配置転換し、10勝させました。選手をどうやって活かすかの「適材適所」、チームの最終的な勝利のために「先を読むこと」を常に考えていたのだと思います。

常勝ソフトバンクに対しては、当たり前のことをやっていても倒せないという信念なり策略なりを感じました。結果16年シーズン、私がいた首位ソフトバンクは、日本ハムに最大11・5ゲーム差からの大逆転優勝を許したのです。

日本ハム球団新記録の15連勝もありましたし、勢いに押されているのを実感しました。ちなみに当時の投手コーチとしての参謀《さんぼう》は吉井理人《まさと》さん（現・ロッテ監督）です。

⑫メジャーリーグ最先端の戦法を研究

名采配はまだあります。16年は和田毅《つよし》投手がメジャーからソフトバンクに復帰して15勝し、最多勝のタイトルを獲得した年でもありました。序盤の走者一、三塁の状況において、キャッチャーの私は盗塁を仕掛けた一塁走者を刺しにいったのですが、私の二塁送球を見抜いて、三塁走者を本塁に突入（ダブルスチール）させたのです。まんまと裏をかかれたわけです。絶好調の和田投手からはあまり点数を奪えないことを見越しての戦法でした。

どの監督も「横綱相撲」をしたいと思うものです。先発ローテーション投手が４枚も５枚もそろっていて、試合終盤には絶対的な中継ぎ投手、ストッパーが登板する。1、2番打者の出塁率が高くて、長打力のある打者が打線の真ん中の４番に座る。そんな野球です。

しかし、そんなことができるチームはなかなかありません。そこで栗山監督は、こんな戦法を使いました。リリーフ投手を先発で1、2イニング投げさせ、そのあとに本来の先発投手を投げさせる「オープナー」。これは先発投手の頭数が不足している場合や、立ち上がりが不安な先発投手のときに使う戦法です。

強打の左打者に対して全体的に一、二塁間を狭める「極端な守備シフト」にしても、それを使わないとアウトを拾っていけないからやる戦法です。

2つともメジャーリーグで流行り始めていた戦法ですが、最先端を行くメジャーリーグをよく研究していると感じました。

いずれにせよ、当時のソフトバンクに勝つために自チームの戦力を分析把握し、あらゆる策を講じていたのを、対戦していたライバル球団の選手として感じました。たとえセオリー通りでなくても、そちらのほうが試合に勝つ確率が高いのならば実行して最善の策を尽くす。そういう監督です。

⑬可愛い子には旅をさせよ

斎藤佑樹投手の引退登板は21年10月17日でした。思えば、甲子園優勝時に「ハンカチ王子」として一世を風靡《ふうび》し、東京六大学のスター選手として、鳴り物入りでプロ入りしました。

先述したように、斎藤投手は栗山監督就任の12年の開幕投手で、監督に初勝利をプレゼントしました。プロ1年目の11年6勝、12年5勝。しかし右肩痛もあって、以後

8年間で4勝を積み重ねたに過ぎません。

正直な話、斎藤投手は、引退のもう何年も前から苦しそうでした。「早く引退させて、別の道に行かせてあげる」のも監督の優しさの1つであると思うのです。しかし、敢えて苦しい思いをさせていたような気がします。それは斎藤投手のその後の人生のためです。

斎藤投手は栗山監督にこう言われてきたそうです。

「あきらめて辞めるのは簡単。結果が出なくても前を向く。（斎藤が華々しい野球人生を送ってきたからこそ）ガムシャラにやっている姿を周囲に見せる責任がある」

その引退試合、私は斎藤投手とバッテリーを組みませんでしたが、選手兼任コーチとしてダグアウトで見守っていました。

相手打者の福田周平選手（オリックス）は四球を選びました。オリックスは25年ぶりの優勝を懸《か》けた大事なペナントレース終盤の試合。手加減することもありません。

斎藤投手は打者1人と対戦して降板、ダグアウトに戻ってきました。

観客、日本ハムナインはもちろんのこと、オリックスナインもマウンドを降りる斎藤投手に、惜しみない拍手を贈りました。斎藤投手が、もがき苦しみながら努力を怠らなかったのをみんな知っていたのです。

「ファンの皆さんが喜んでくれたのを見て、オレは嬉しかった。これは佑樹が11年間見せてきた姿の結果だ。カッコよかったぞ」

栗山監督は、斎藤投手にそんな言葉をかけたそうです。

「これからが本当の勝負だぞ！」

栗山監督は61年生まれ、斎藤投手は88年生まれ。まさに父子ほど、年齢が離れています。背中をバンバンと叩いたのは、そんな思いが込められていたのだと思います。斎藤投手の頬を涙が濡らしました。

そう言えば、斎藤投手が高3夏の甲子園で優勝したあと、日米親善高校野球に参加しました。その際に今回のＷＢＣに日本代表として出場したラーズ・ヌートバー選手（カージナルス）宅でホームステイしたのは有名な話です。

さらにＷＢＣ前に栗山監督がヌートバー選手と「初面談」したとき、９歳か10歳のときに斎藤投手からもらったジャパンの帽子をかぶってヌートバー選手が笑顔で待っていたそうです。もうこれは絆としか言いようがないですよね。

⑭「セカンドキャリア」の大切さを認識させる

引退に関して言えば、私の現役引退も斎藤投手と同じ21年シーズン終了後。現役19年40歳でした。現役を長く続けたいのはやまやまでしたが、自分でリミットを決めてオファーを待っていました。

「栗山監督、もう時間が来たので引退します。本当にお世話になりました」

「ツルの勝負はこれからだ。これまで貢献してくれて本当にありがとう！」

自宅にも「ツルの勝負はこれからだ」というメッセージ付きで胡蝶蘭《こちょうらん》が届いたのです。

「神経を磨《す》り減らすような勝負はもうしたくない。ゆっくりしたい」

最初はそう考えていました。当時は引退したばかりで、受け止め方が正直難しかったですね。ただ、冷静になって「さあ、次の人生に向かおう！」と思ったとき、ハッと気づいたのです。

「プロ野球選手が終わったからといって、人生の勝負が終わったわけじゃないんだ。栗山監督が言っていたのは、こういう意味か」

プロ野球選手が終わってからの「第二の人生」のほうが長い。いわゆる「セカンドキャリア」でも、勝負が続いていくわけです。

これまでも話してきているように、私は栗山監督に「ツル」と呼ばれています。斎藤佑樹投手は「佑樹」か「ユウちゃん」、近藤健介選手（栗山監督と「12年同期」入団）は「コンちゃん」、大谷翔平選手は「翔平」、そしてWBCでは村上宗隆選手を「ムネ」と呼んでいました。

知人から「監督が選手のことをファーストネームで呼んで接するのはどうなんだろ

うね?」という意見を聞いたことがあります。しかし栗山監督は、逆に無意識に言っているのだと思います。12年の初優勝のとき、栗山監督は優勝監督インタビューで、「選手たちは家族のようにつながってくれています」と話しました。それが監督のスタンダードなのかなと思います。言えるのは、「家族思い」ということですね。

⑮敗戦の責任を受け止める監督のストレス

栗山監督を現役時代から知っているベテランのプロ野球記者によれば、「日本ハム監督の後半5年間で、もの凄く老《ふ》けた」そうです。「いい意味で年輪を重ねた一方で、監督とは本当に激務の職業なんですね」と、その記者は話していました。

その5年間は5位4度とチームは低迷。それを聞いたとき、私も責任の一端を感じてしまいました。野球は、うまくいかないことのほうが圧倒的に多いスポーツです。負け越したりすると、シーズン143試合中65勝したとしても、監督・コーチはある意味、1年の残り300日を重い気持ちで過ごさないといけません。

もちろん、栗山監督は日本ハム時代に2度リーグ優勝を経験しています。ただ、すべての結果を受け止めねばならない監督の「負けることへのストレス」は、大変なものがあるのでしょう。

私なら日本ハム監督を10年やったら、しばらくゆっくりしたくなると思います。なのに引き続き「侍ジャパン」監督を務めました。もの凄い激務だったはずです。しかも、WBC終了後もいろいろな活動にトライされています。どうすればそのモチベーションやエネルギーを保てるのか、今度会ったら訊《き》いてみようと思います。

⑯未来に期待する「信頼」、過去の実績による「信用」

私はWBCではチームスタッフとして参加していたので、コーチミーティングの詳細は分かりません。

日本ハム時代は、私が新米コーチだったこともあって相談ベースで接してくれました。

「栗山監督はこのキャッチャーに対して、どんなことを求めていますか？」

「オレはこのピッチャーでもこのキャッチャーと組んで使いたいんだけど、バッテリーの相性みたいなものは存在するのかな？」

「やはり、ありますね。このキャッチャーは、あのピッチャーと組ませたら面白いんじゃないですか」

「でも、このキャッチャーがここまで伸びないと1軍の戦力になれないから、別のアプローチをしていこうか」

私は提案をしますが、本番の起用法の最終的な決断は栗山監督がしていました。

ただ、全143試合の長いペナントレースで「育てながら勝つ」のと、最大7試合の日本シリーズやWBCの短期決戦で「勝たなければいけない」のでは、同じ監督がやっても采配は全然違うと思います。

短期決戦では選手の状態が上がってくるまで待てないので、好調な選手から順番に使っていくと思います。ただ、いずれにしても栗山監督は「粘り強い」ですね。

「栗山監督、明日の試合のキャッチャーは、あいつにしましょう」

「いや、こいつにもう1度チャンスをやろうよ」

そんなことが何度かありました。選手に対する栗山監督の「信じる力」を感じますね。

「この選手は、いま失敗しても近い将来絶対伸びるから」と「この選手は絶対打ってくれる」――その信じ方は、全然違う部類だと思います。前者は未来への期待を含めて頼りにする「信頼」であり、後者は過去の実績を信じて登用する「信用」でしょうね。


WBCで不振にあえいだ村上宗隆選手を準決勝のメキシコ戦で代打を出さずにそのまま打たせ、結果、村上選手はサヨナラ打を放ちました。これには、押しも押されもせぬ侍ジャパンの4番打者に育てなくてはならないという「信頼」と、NPB三冠王だからきっと打ってくれるという「信用」の両方があったわけです。

⑰野球は結果論——「村上と心中」だった

3月21日、準決勝のメキシコ戦。4回、佐々木朗希投手（ロッテ）がルイス・ウリアス選手（ブルワーズ）に先制3ランを浴びました。

私はローンデポ・パークの左中間に位置するブルペンにいました。山本由伸投手（オリックス）の投球を受けていたのですが、打球がその上空を飛んでいくのが見えました。「侍ジャパン」は、大谷選手の同僚である左腕パトリック・サンドバル投手（エンゼルス）の快投の前にきりきり舞いです。

7回、吉田正尚《まさたか》選手（レッドソックス）の3ランで同点に追いついたのもつかの間、山本由伸投手と湯浅京己《ゆあさあつき》投手（阪神）で2点を献上します。点を取っても取られる。山川穂高《ほたか》選手（西武）の犠牲フライで1点差に詰め寄りますが、試合の流れとしては負けパターンです。正直な話、負けると思いましたが……。

最終回、二塁打で出た大谷選手が、塁上で両手を下から上に振り上げました。

「ここからだぞ！」

4番・吉田選手が四球を選ぶ。4対5の1点ビハインドで迎えた9回裏無死一、二塁。取って置きの周東佑京《しゅうとううきょう》選手（ソフトバンク）が、吉田選手の代走に出ました。あの場面、送りバントなら絶対、代打です。現に牧原大成《まきはらたいせい》選手（ソフトバンク）が準備をしていたそうです。

「ムネが打席に立った。すべてを任せたんだな。いや、栗山監督は『村上と心中』の覚悟か」

私は内心、思いました。

村上選手はあの試合、3三振を喫《きっ》していました。あの場面、村上選手が内野ゴロのダブルプレーなら二死。そのまま侍ジャパンが9回を無得点で敗れる危険性もあったわけです。

「不調なのに、なぜ、代打を出さなかったんだ」

「せめて、送りバントで一死二、三塁にすべきではなかったか」

そういう批判が出ることを承知の上で、栗山監督はすべてを背負ったのです。

野球は結果論です。村上にかけて勝った、栗山監督の勝利だったわけです。

⑱「信じて、任せて、感謝する」サイクル

日本ハム時代に栗山監督のもとでコーチを務め、WBCでも内野守備・走塁兼作戦コーチを務めた城石憲之《しろいしのりゆき》さんが、WBC後の会見で言っていました。
「栗山監督の言葉を伝えに行ったら、最初、ムネには『何しに来たんだ？　バントか、代打か？』みたいな顔をされました。でも、監督の『ムネに任せた。思い切っていってこい！』の言葉を伝えたとき、ムネにスイッチが入った表情は一生忘れないと思います」

あの場面、「デ・ジャブ（既視感）」ではないですが、私には不思議な感情が湧いてきました。周東選手がホームベースを駆け抜けてサヨナラ勝ちを収めるシーンが浮かんだのです。それは村上選手の１球目のファウル、いいタイミングのスイングだったからです。結末はドラマチックなサヨナラ二塁打でした。

やはり栗山監督時代の日本ハムの内野守備走塁コーチ兼作戦担当であり、WBCへッドコーチでもあった白井《しらい》一幸《かずゆき》さんが言っていました。

「栗山監督は『信じて、任せて、感謝する』というサイクルで回っている。あとは、選手の結果が芳《かんば》しくなくても『すべて私の責任です』というコメントをする」

口ではそう言っても、実際は「なんであいつ、もっと働かねぇんだよ」と思う人はたくさんいます。でも、うわべだけか本当か、人間は敏感に察知しますよね。

日本ハム時代もそういうことはありました。

(え、まだ続投？　交代させたほうがいいと思うんだけど……)

案の定、打たれて敗戦。でも、栗山監督はちゃんと非も認めてくれるのです。

「ツル、ピッチャーを引っ張りすぎて申し訳なかった。自分の判断ミスだった」

⑲「論語と算盤《そろばん》」「夢は正夢《まさゆめ》」

栗山監督は、監督時代によく本を出版しました。監督の本を読む選手は読むし、読まない選手はまったく読まないと思います。ウチには2、3冊あります。知り合いから「ツルのこと、本に書いてあったよ」と言われ、気になって買って読みました（笑）。

栗山監督は新人選手に本『論語と算盤』（渋沢栄一・著）をプレゼントしたりします。内容は孔子の教え（論語）に従い、利潤追求と社会貢献を両立するための経営思想です。「これの何を野球につなげていけばいいんだ」という気持ちで読んでいる選手が大半でしょう。でも十何年先、何十年か先、いつか気づいてくれるというところに栗山監督の思いがあるのではないでしょうか。

栗山監督の座右《ざゆう》の銘《めい》は「夢は正夢」。サイン色紙にしたためます。かといって、「夢は正夢だ。念じていれば思いは通じる。日本シリーズで勝てるぞ」などと、ミーティングの中で言ったりするわけではありません。ざっくばらんにフランクな感じで、「今年優勝するよ」「みんな力を貸してくれ」。そんな感じです。

知識が豊富で、私たちが知りたいことを1質問したら10教えてくれます。それでいて、分かりやすい言葉なのは、キャスターっぽいですね（笑）。

私も解説者として、自分の言葉で野球の素晴らしさや難しさを皆さんに伝える立場になりました。実は栗山監督の講演を聴きに行ったこともあります。


栗山監督の教えで、すぐ思い浮かぶ印象深いものが2つあります。

「コメントを求められたとき、知っていたとしても、話していいことと話してはいけないことがある。その線引きを、とっさの判断でやれるのが一番のスキルだよ」

「自分のための野球だけど、家族や周囲の人を喜ばせてあげなさい」

私は心に留めてあります。

第2章

ダルビッシュ有投手の「野球脳」

#11●ダルビッシュ有＝86年生まれ（37歳）、大阪府出身。宮城・東北高〈甲子園〉↓日本ハム（05年ドラフト1巡目～11年）↓レンジャース（12年）↓ドジャース（17年）↓カブス（18年）↓パドレス（21年～）
MLB13年最多奪三振、20年最多勝、米オールスター5度ほか
NPB93勝＋MLB95勝＝188勝

⑳私がダルビッシュの専属捕手になったきっかけ

ダルビッシュ有投手は「雲の上の後輩」です。彼の専属的な捕手になったのには、幸運な出来事がありました。

ダルビッシュ投手は、高校出1年目の05年6月にすでにプロ初勝利を挙げ、先発ローテーションに入っていました。ドラフト1位選手なので、7月に宮崎で開催されたフレッシュオールスター・ゲームに選出されたのです。

「チーム内にご当地の宮崎出身選手がいない。ツル、同じ九州出身だから出場してこい」

高校卒業後、社会人野球を経てプロ3年目の私は、鹿児島出身という理由だけで出

場し、ダルビッシュ投手とバッテリーを組んだわけです。そして、その試合で本塁打を打ち、ＭＶＰを受賞しました。

「フレッシュオールスターＭＶＰ選手は出世する」

そんな伝統があるそうですね。イチロー選手（オリックス＝当時は鈴木一朗）や青木宣親《のりちか》選手（ヤクルト）もＭＶＰを受賞し、スターダムにノシ上がっています。

ただ私は「ＭＶＰ賞金１００万円を狙おう」なんていう野望は１ミリもありませんでした。運よくいただいた賞金で、親からねだられたテレビを購入し、プレゼントしたのを覚えています（笑）。しかし、そのＭＶＰで首脳陣にアピールできたようで、私はその年の９月に１軍初出場を果たすことになりました。

さて、ダルビッシュ投手の投げる球というのは、人間の反射神経限界の球です。特に変化球。ストレートはキャッチャーの自分に向かってくるので捕れますが、変化球は他のピッチャーより大きく速く鋭く曲がります。それに対応しなくてはなりません。

というのも、札幌ドームは他の球場に比べて、キャッチャーからバックネットまでの距離が長いのです。パスボールなどしようものなら、一塁走者は二塁どころか三塁まで進んでしまいます。

強肩強打でない私は、ダルビッシュ投手の変化球を必死に捕りました。彼のおかげでワンバウンドを止める、かなり高度なブロッキング技術が養われました。バッターが空振りするようなワンバウンドの変化球さえ止めておけば何とかなる。そういう自覚が私に芽生え、ダルビッシュ投手がマウンドに登るときに合わせ、いつの間にか私がマスクをかぶるようになっていたのです。

「きょう勝ってください。お願いします。次の私のキャッチャーの仕事を作ってください」

ダルビッシュ投手とバッテリーを組む日は、そんな神頼みに近い気持ちでいました。

翌06年はダルビッシュ投手が12勝を挙げ、私が76試合出場。ヒルマン監督のもと、チームは44年ぶりに日本一の美酒に酔うことができました。彼と出会えなかったら、私の現役生活は19年どころか、５年ぐらいで幕を閉じていたかもしれません。

㉑配球はダルビッシュが考える

ダルビッシュ投手の先発時、相手打線は他のピッチャー以上に対策を立てて試合に臨んでいたと思います。

「きょうは変化球を捨てて、全部ストレート狙いでいこう」

「今回は待球《たいきゅう》作戦だ。初球から打ちにいかず、球数を投げさせよう」

ただ、当然ながら相手の作戦は試合が実際に始まってみないと分かりません。試合前に2人でミーティングをして「こうきたら、ああしよう」という方向性を考えておきます。バッテリーをずっと組んでいたので、臨機応変にすぐ切り替えられる「あうんの呼吸」があったと思います。

ダルビッシュ投手と私の間柄を知っている方はご存じだと思いますが、彼は私の出す球種のサインに結構首を振ります。最後は自分の投げたい球をほうります。つまり、どういう球を投げて打者を打ち取っていくかという「配球」は、ダルビッシュ投手が最終的に決めるわけです。

「NPBはキャッチャー主導、MLBはピッチャー主導」と聞いたことがありますが、我々はMLBのバッテリーのような関係でした。首を振られたから面白くないなどと、私は1度も思ったことはありません。

22年オープン戦での私の引退セレモニーのとき、ダルビッシュ投手は「鶴岡さんのリードのおかげでのびのびと投げさせてもらえた」と言ってくれました。高木豊さんのYouTubeでも「一番投げやすいのは鶴岡さん」。そんな発言も、「MLB的バッテリー」が理由だと思います。

㉒「11種類の変化球はアート(芸術)である」

ダルビッシュ投手は「変化球はアート(芸術)だ」と語っています。10種類とも11

種類とも言われる変化球を持っています。だからといって球種のサインが11種類あるわけではありません。

スライダーとカットボール、フォークボールとスプリット、シュートとシンカーといった具合に、同系統の変化球に対して私が出すサインは同じです。ダブルプレーを取りたい状況や、ボールカウントに応じて、曲がり方や落ち方をダルビッシュ投手が加減するわけです。こんなところにもダルビッシュ投手の「野球脳」を感じます。


ダルビッシュ投手の「変化球へのこだわり」と言えば、「バッターの反応」を見るのがとても好きだったように思います。

例えば、スライダーがバッターにぶつかりそうなところからもの凄く曲がったら驚くじゃないですか。縦の速いカーブで左バッターから空振り三振を結構奪ったのですが、「バッターが反応できなかったら、反応されるまで続けよう」とか……。そのときどきの自分の投球フォームや体調に合わせて、球種を投げ分けていた記憶があります。

すべての変化球をカウント球にもウイニングショットにも使えて、レベルが高かったです。その中でもどの変化球が一番凄かったかと訊かれれば、やはり「スライダー」です。ただ、ダルビッシュ投手自身がどう思っているかは別にして、実際に投球を受けていた身としては、一番凄い球種はストレートだと思います。

06年のプレーオフ。ファイナルステージ第1戦。ダルビッシュ投手は3対1で完投勝ちを収めました。ソフトバンクのバッターたちは、ストレート狙いの予想が当たったスイングでも、バットはことごとく空を切りました。

最後9回二死、その年リーグ最多安打をマークした大村直之選手を三振に斬って取ったストレート。バットは投球の下を少し遅れて通過しました。フォーシームのきれいな回転でホップするようなストレートを、今でも鮮明に覚えています。

㉓ダルビッシュ最大の武器は「探究心」

球種的にはスライダーやストレートがダルビッシュ投手の決め球だと思います。しかし、彼の「最大の武器は探究心」です。

ダルビッシュ投手が「現状維持は衰退だ」と発言しているのを記事で読んだことがあります。弱冠20歳のころから超一流だと、社会的な立場が確立され、多くの収入を得て満足する選手もいると思います。しかし、彼は違いました。

「もっといい変化球を投げたい」

「バッターが手も足も出ないストレートを投げたい」

2月の春季キャンプが始まると、毎年新たな球種にトライするところに、飽くなき挑戦と向上心を感じました。


変化球を投げることにおいて、ダルビッシュ投手は「指先の感覚」「ヒジの抜き方」「手首の角度」が人並み外れて優れているのを感じます。さらに、さまざまなことを工夫しているように思いました。

テレビのスポーツニュースでご覧になった方もいるでしょう。WBCの宮崎キャンプのブルペンでも、球質や球速を計測するトラックマンという機器で1球ごとに確認していました。実際に球を使って指先で転がしながら、球の離し方を若手投手に説明してもいました。一方で、大谷翔平選手にはスライダーの投げ方を訊いていました。みずからを高めることに貪欲《どんよく》なのです。

思えば、ダルビッシュ投手はもともとメジャー志向ではなかったと思います。しかし、NPB6年連続2ケタ勝利、5年連続防御率1点台の「無双」状態。「相手バッターにウチの試合で投げないでくれとよく言われ、相手を倒す野球選手としてのモチベーションが保てなくなった」

確かに投げる前から「ダルビッシュ」という名前で相手バッターを圧倒していました。探究心、向上心の塊だけに、メジャー行き会見において、心境の変化を語っていましたね。

㉔パワーから生まれるテクニック

一番衝撃を受けたのは10年からの肉体改造です。ダルビッシュ投手は12年からメジャーリーグに挑戦するのですが、その前からメジャー仕様の肉体改造に、本格的に着手し始めました。シーズン中にもかかわらず、高重量の負荷でウエイトトレーニングに取り組み、体を大きくしていきます。

もともと細身のダルビッシュ投手は、食事やサプリメントやプロテインの摂取に気を配っていましたが、意識して食事量を増やしていきました。体のポテンシャルで勝負する。パワーがあるからこそ生まれる技術がある。

今でこそその考え方が浸透していて、大谷翔平選手も体を大きくしています。日本プロ野球界において、ダルビッシュ投手がそのはしりです。ボディビルの雑誌も愛読していて、研究して知識を仕入れていたようです。

11年2月の春季キャンプ。12月と1月の完全オフ期間を経て会ったとき、信じられないくらい体がデカくなっていて驚きました。1回り、2回り大きくなった体から繰り出される重いストレートは、「ダルビッシュ史上、最強の球」でした。例えるなら「ピユッ」という切れ味鋭いピストルの弾丸から、「ズドーン！」という大砲の砲弾になったような衝撃をミット越しの左手に感じました。

実際に10年の12勝から11年18勝にグレードアップしましたし、12年メジャー1年目には16勝をマーク。「パワーから生まれるテクニック」を証明しています。

私は興味を抱いて、11年中からウエイトトレーニングで大きな負荷をかけてみました。食事を大増量し、プロテインもサプリメントも積極的に摂取しました。体重は8キロ増の83キロ、12年の好成績に反映したのです。

しかし、食事量を増やすのは大変で、私は長続きしませんでした。ダルビッシュ投手がみずからをストイックに徹底管理して食事増量を継続していたのには、改めて感心したものです。

㉕投げることへの責任感

09年11月1日の日本シリーズ、対巨人第2戦。左臀部《でんぶ》の痛みに苦しみ、キャッチボールのような投球。ふだんは多投しない100キロ台のスローカーブを有効に使い、6回7奪三振2失点で切り抜けて勝利投手。お立ち台で「一世一代の投球ができた」と、珍しく自画自賛したヒーローインタビューを覚えているファンの方も多いのではないでしょうか。

のちに右手人差し指の疲労骨折も判明しました。無理をして、あの試合で折ったのだと思います。

あのとき、ペナントレース終盤の9月20日の登板後、クライマックスシリーズも含め、1か月以上まったく投げていなかったのです。だから「ぶっつけ本番」で、ナインはみんな「投げられるの？」と半信半疑でした。私は試合前のブルペンで、キャッチボールをしました。

「ツルさん、座ってください」

座っても、キャッチボール投法は変わりません。

「えっ、きょうこんな感じでいくの？　いつ本気で投げるの？」

「これしか投げられません。スローカーブを使っていきましょう」

ストレートは130キロしか出ない。バッターの反応を見ながら、指先、手首、腕の力加減でスローカーブを微妙に変えて、タイミングを外して打ち損じさせるしかない。

そう覚悟したのだと思います。

「ピッチングスタイルを変えたのか。いや、いつ全力で投げるのだろう」

相手にそう思わせ、バッター心理を逆手に取りながら、スローカーブで翻弄《ほんろう》して打ち取っていきました。

それでも小笠原道大《みちひろ》選手との二死満塁の場面では、力を振り絞って148キロのストレートを投じてピンチを脱しました。

実際はケガをしてあれしか方法がなかったのですが、残された方法で最大限の投球をする。万全ではないことはみずからが一番分かっていたはず。そこまでして投げてくれたことに頭が下がりました。もう配球うんぬんではありません。「投げることへの執念」「投げることへの責任感」「バッターを打ち取る嗅覚《きゅうかく》の鋭さ」を感じました。「投げることが本当に好き」なんですね。

そういえば前年の08年の北京五輪。キューバ戦で敗戦投手になった翌日、長髪を丸刈りにしていました。あれも「投げることへの責任感」の表れだったと思います。

㉖野村克也監督をも嘆かせた「野球脳」の高さ

ここまで解説してきたようにダルビッシュ投手には「打者を打ち取る嗅覚の鋭さ」「野球脳の高さ」を随所に感じました。

06年から09年の楽天監督は、野村克也さんが務めていました。野村監督はデータ重視の「ＩＤ野球」で有名です。また、ピッチャーのクセを攻略に活用していました。

当時の日本ハムのエース左腕・武田勝投手は、社会人野球シダックス時代の野村監督の教え子でした。セットポジションはグラブを胸の前でセットしますが、グラブと胸の隙間の幅がストレートとチェンジアップで違うのを見破られていたそうです。

しかし、ダルビッシュ投手は、セットポジションのときにグラブをセットする位置を1球ごとに変え、楽天ベンチをかく乱したのです。セットポジションの型を微調整することにより調子を崩すピッチャーがいる中、彼は臨機応変の器用さを持ち合わせていました。

ただ、盗塁阻止の意識は薄く、一塁牽制《けんせい》はほとんどしませんでした。走者が二塁にいってから抑えればいいという考えでした。それでも走者を二塁に置くと、球種のサインを絶対変えていました。キャッチャーのこちらも細心の注意を払いました。ダルビッシュ投手は、「自分が投げる球以外の理由」で打たれるのを、とても嫌っていたからです。

のちにプロ野球記者から伝え聞いたのですが、楽天ベンチはダルビッシュ投手の「野球脳の高さ」にお手上げだったそうです。

辛口で鳴らした野村監督でしたが、みずからが選ぶ「平成30年間ベストナイン」の投手部門にダルビッシュ投手を選びました。

「ストレートは速いし、変化球は多彩だし、コントロールもいい。クレバーな投手で、球種のクセをついに見つけられなかった。ワシの楽天監督時代は常に貯金を10近く稼いでいた。メジャーに渡るまで防御率1点台を5年も続けていた」

選出の理由をそう語っていたそうです。ダルビッシュ投手も、それを聞いて、SNSで感謝の意を示していたと思います。

㉗味方投手のことまで考えて投げる深謀遠慮《しんぼうえんりょ》

ダルビッシュ投手に「弱点」は見当たりませんでした。それどころか彼の存在によって、相手チームは先発ローテーション変更を余儀なくされたと思います。エース同士の直接対決で負けて3連敗するぐらいなら、先発4、5番手を送り出し、「勝てばもうけもの」という、あきらめの境地だったのではないでしょうか。それでもやはり先発ローテーション変更は、他チームにさまざまな負の影響を及ぼします。

ダルビッシュ投手は、火曜日から始まる6連戦の真ん中の金曜日に先発していました。当時の日本ハムは06年・07年・09年と優勝していました。リードした状態で試合の終盤を迎えることが多く、リリーフエース・武田久《ひさし》投手の出番が多くなりました。

ただ、ダルビッシュ投手は毎年200イニングぐらい投げ、完投も10試合ぐらいありました。ふつう8回、9回に投げるピッチャーは気が抜けないものですが、「きょうはダルだから休めるかなぁ」。あの武田久投手でさえ思わずそう漏らすぐらいでしたから(笑)。

「次の試合のことを考えて内角を多めに投げた」

ダルビッシュ投手はそんな発言をしたことがあります。本格派・右投手の彼が第1戦で右バッターの内角をツーシームでえぐる。その軌道の残像が消えやらぬうちに、第2戦で技巧派・左投手の武田勝投手が右バッターの外角にチェンジアップを落とす。ストレートのスピード差も150キロと130キロで20キロあります。相手バッターはついていけません。

07年から09年あたりまで、ダルビッシュ投手と武田勝投手のセットは、とても機能した素晴らしい先発ローテーションでした。だから、日本ハムが強かったわけです。

それにしてもリリーフピッチャーや翌試合の先発ピッチャーのことまで深く考えて投げられるピッチャーが他にいるでしょうか。ダルビッシュ投手の「深謀遠慮」。やはり「野球脳」が高いのです。

㉘日本野球の普及発展に尽力する野球伝道師《でんどうし》

ダルビッシュ投手の「最大の武器は探究心」であり、「野球脳が高い」ことを先述しました。野球のことに関してはいつも最先端を走っているし、アンテナを張り巡らして、情報をインプットしています。

13年の8月23日には、甲子園に出場した広島・瀬戸内高の山岡泰輔《たいすけ》投手（現・オリックス）を自身のツイッターで絶賛しています。

「動画見たけど、これは一番だわと思いました。こういう人はプロにすぐ行くべきだと思います」

19年7月28日には、やはり甲子園地方大会で好投した沖縄・興南《こうなん》高の宮城大弥《みやぎひろや》投手（現・オリックス）に関してつぶやいています。

「興南の宮城投手いいわぁ。投げ方、球筋、総合的に好きすぎる。俺あんなピッチャーになりたかったわぁ」

さらに翌19年7月29日。岩手・大船渡高の佐々木朗希投手が県大会決勝の登板を回避。高校の監督を批判した野球評論家の張本勲《いさお》さんに意見しました。

「シェンロンが一つ願いこと叶えてあげるって言ってきたら迷いなくこのコーナーを消してくださいと言う」（本人投稿ママ）

「忖度《そんたく》しないで、自分の意見を堂々と言えるところ」に、彼の人間的な芯の強さを感じます。見た人もそう感じたと思います。SNSでいろいろな意見を発信して、野球界のオピニオンリーダー的な存在になっていました。

今回のWBCを見ていても、まずダルビッシュ投手が宮崎キャンプの初日から参加してくれたこと自体が気運を高めました。宮崎キャンプで率先してファンにサインを書く。若手選手に積極的にアドバイスを送る。食事会を開催してチームをまとめる。――子供たちの野球離れを憂《うれ》い、「日本野球界の発展のために」という野球伝道師的な言動を感じました。

「一生に1度でいいから、メンバー表に『ダルビッシュ』と書かせてくれ」

「今回のチームは、『ダルビッシュ・ジャパン』と言ってもいい」

栗山英樹監督がそう言ったのも納得です。

㉙14年前の憧れ「WBC胴上げ投手」

今回のWBCに、ダルビッシュ投手が宮崎キャンプ初日の2月17日から参加してくれたことは先述しました。彼は気を遣うタイプなので、日本ハム時代から気心の知れた吉井理人投手コーチや厚澤和幸《あつざわかずゆき》ブルペン担当コーチ（現・オリックス）の存在は大きかったと思います。

私も日本ハム時代のキャッチャーであるわけですから、気兼ねなく4人で会話することもありました。その流れでダルビッシュ投手と私がキャッチボールすることもありましたし、ブルペンで投球を受ける機会も多かったのです。

気を遣うタイプなのは知っていましたが、後輩の面倒見がとてもいいことを、今回のWBCのとき発見しました（笑）。ダルビッシュ投手がメジャーに渡ったのは25、26歳。当時の日本ハムで彼より年下の1軍選手は、斎藤佑樹投手と中田翔選手ぐらいでしたから、気づきませんでした。

06年と09年のWBCはイチロー選手（当時・マリナーズ）がリーダー格でチームを牽引《けんいん》し、09年22歳のダルビッシュ投手は「世界一の胴上げ投手」でした。今回のWBCのピッチャーたちは14年前、小・中学生でそのシーンを憧れのまなざしで見つめていた選手たちです。

「ダルビッシュさんって、どんな感じの人なんですか？」

最初はそんな雰囲気でした。現役バリバリのメジャーリーガーで、テレビの中でしか見たことのない憧れの人。しかも、プロ野球界というのは、基本的に「年功序列」の世界です。自分よりあとからプロ入りしてきても、年上の選手は「先輩」なのです。自分からどうやって話しかけていいものなのか、どれだけ距離を詰めていっていいものなのか。最初は全然分からなかったのでしょう。ダルビッシュ投手がブルペンで初めて投球練習をした際、日本の超一流選手たちが1ファンのようにスマートフォンで記念に動画撮影していましたものね（笑）。

㉚伝家の宝刀「ダル・スラ」を若手に伝授

WBC宮崎キャンプでは、積極的に若手投手にアドバイスを送っていました。「世界トップレベルの投手」が、「日本有数の若手投手」たちに技術指導を直接施《ほどこ》すのですから、日本球界の発展にとってこれ以上ない機会になったことは間違いありません。

ダルビッシュ投手が「トラックマン」やその携帯用の「ラプソード」という投球デ

ータ測定機器で、投球成分（球速、回転速度、回転数、回転軸、縦変化）を1球1球確認しながら、ブルペンで投げ込んでいる姿は参考になったと思います。

「同じスライダーでも2つの投球成分が出る。まるで2人の投手が投げているようだ」

日本ハム時代、ダルビッシュ投手を指導したこともある厚澤コーチはそう評していました。


実際にスライダーの握りをして、球を離す瞬間までの回転を若手投手に見せているシーンが、よくスポーツニュースで流されていました。ピッチャーにしか分からない感覚があると思います。ただ球に回転を与えるだけではないのです。

「こうやって指先から力を伝えて、こうやって回転をかけるんだよ」

佐々木朗希投手もダルビッシュ投手にスライダーを教わっていました。

長い軌道で曲がっていくスライダーではなく、キュッと速く短く曲がるスライダーです。

佐々木投手というと、22年の完全試合達成時のように、ほとんどが160キロ近いストレートと、140キロ台後半のフォークボールというイメージが強いです。そこに、ほんの少しの数のスライダーとカーブが加わります。私は22年11月の強化試合で、佐々木投手の長い軌道のスライダーを実際に受けています。

しかし、WBCの1次ラウンドのチェコ戦と準決勝メキシコ戦で、速く短く曲がるスライダーを投じていました。空振りの取れる変化でした。

それにしても、そんな短期間でマスターできる佐々木投手の能力も凄いですが、マスターさせるダルビッシュ投手のコーチングもたいしたものだなと双方に感嘆しました。ダルビッシュ投手は教える才能が間違いなく高いです。

WBC後の4月14日、佐々木投手と山本由伸投手の直接対決がありました。2回二死、佐々木投手が中川圭太選手（オリックス）を空振り三振に打ち取った145キロは、まさしくあの「ダル・スラ」でしたね。あのしぶとい中川選手がカウント2ナッシングから全然違うところを振っていました。

こうやって日本球界が発展を遂げていく。教える風景を実際に見ていた私としても、佐々木投手が「凄いスライダーを投げている」と嬉しくなったものです。

㉛「人見知り」なダルビッシュ&宇田川《うだがわ》コンビ

09年WBC当時22歳だったダルビッシュ投手が、今回は最年長の36歳。栗山監督はキャプテン制をしきませんでしたが、「ダルビッシュ・ジャパン」と明言しました。ダルビッシュ投手本人も「かつてのイチロー選手のように、周囲に気を遣わせぬよう、自分がチームをまとめなくては」という自覚があったのでしょう。


「宇田川会」など、その最たるものだと思います。大卒育成2年目の昨22年7月に支配下登録されるや、日本シリーズでも快投を演じた宇田川優希投手（オリックス）。あれよあれよという間に「侍ジャパン」のトップ15人のピッチャーに選出されました。

ただでさえ人見知りのところに、みずからの「シンデレラ・ボーイ」ぶりへの戸惑いもあって、チームになかなかなじめなかったらしいです。

そんなことを聞きつけたダルビッシュ投手が音頭《おんど》を取って、２月20日夜に投手陣で懇親会を開きました。ダルビッシュ投手のツイッターで投稿されたので、皆さんご存じかと思います。後述しますが、宇田川投手がチームに溶け込めたのは、「侍ジャパン」「投手陣ブルペン」にとって、とても大きな意味のある出来事でした。

実は私もＷＢＣ宮崎合宿開始の前日の16日夜に、ダルビッシュ投手と甲斐拓也《かいたくや》捕手（ソフトバンク）と、巨人の大城卓三《おおしろたくみ》捕手、岡本和真《かずま》選手、戸郷翔征《とごうしょうせい》投手らと食事をする機会がありました。

ダルビッシュ投手は本来、人見知りです。しかし、自分が話さないと周囲が逆に気を遣うだろうと、自分からみんなに話しかけていました。

ダルビッシュ投手がみんなと距離を縮めていったことにより、若手にとってとてもやりやすい環境になったと思います。

12球団から集まった選手たちが、どんどん１つのチームになっていく様は、チームスタッフとして見ていてとても嬉しかったです。

㉜困難を極めた調整、ぶっつけ本番

ダルビッシュ投手のキャンプ早期参加は、彼の実績と、在籍球団のパドレスの厚意があってのことです。ただＭＬＢの規定により、壮行・強化試合に登板することはできませんでした。

3月2日の中日との合同練習において、より実戦形式に近い登板をしたぐらいです。3イニング打者12人と対戦し、3安打2失点、2四死球、1奪三振。球数50球、最速153キロでした。

【侍ジャパンの壮行・強化試合】

2月25日（土）○8対4●ソフトバンク（壮行試合）
2月26日（日）○4対2●ソフトバンク（壮行試合）
3月3日（金）●2対7○中日（壮行試合）

3月4日（土）○4対1●中日　（壮行試合）
3月6日（月）○8対1●阪神　（強化試合）
3月7日（火）○9対1●オリックス　（強化試合）

今でこそ言えますが、正直あまり状態が上がってきませんでした。

2月25日からの壮行試合、強化試合の計6試合において、大谷翔平選手、吉田正尚選手、ラーズ・ヌートバー選手らの打者メジャー組は試合に出場して調整できました。

しかし、ダルビッシュ投手は前年度の実戦の緊張感の感覚がまったく戻らない中、1次ラウンド、3月10日の韓国戦がぶっつけ本番なのは、気の毒でした。

㉝思わず唾を呑み込んだ日韓戦の緊張感

【WBCにおけるダルビッシュ投手の登板試合内容】

・3月10日／韓国戦　先発　3回3失点　1本塁打
（8番・梁義智《ヤンウィジ》選手に135キロのスライダーを左越え2ラン）
・3月16日／イタリア戦　中継ぎ　2回1失点　1本塁打
（3番・フレッチャー選手に136キロのカットボールを左越えソロ）
・3月22日／アメリカ戦　中継ぎ　1回1失点　1本塁打
（5番・シュワバー選手に146キロのフォークを右越えソロ）

WBC本番は計3試合6イニングで3本塁打を含む被安打7、自責点4、奪三振2、防御率6・00。数字だけを見れば、ダルビッシュ投手本来の投球とはかけ離れた結果でした。彼自身、そう思っているに違いありません。

今季対外試合初登板が、国際大会で過去いろいろな歴史のある「日韓戦」でした。

いざマウンドに立ったピッチャーにしか分からない、想像もつかない重圧です。

あの日の試合前、私はダルビッシュ投手とキャッチボールと遠投を行いました。彼も私もかなり緊張していました。ファンの方々も日韓戦は緊張感を持って観戦に訪れます。その多くの緊張感が集まって球場内に充満していました。ダルビッシュ投手がプレイボール直前にマウンドで準備投球を始めても、シーンと静まり返っていたような気がします。

「プレイボール直前のマウンド、あのダルビッシュ投手が緊張の面持ちで、唾をゴクリと呑み込んだ」

知人の野球関係者がそう言って、驚いていました。

終わってみれば13対４の大勝。しかし３点を先制され、相手先発は「日本キラー」の金広鉉《キムグァンヒョン》投手でした。近藤健介選手も試合後、心境を吐露していました。

「やっぱ日韓戦は、緊張感が全然違いますよ。めっちゃ疲れました」

㉞日本最後（？）のマウンドをかみしめて投げた

3月16日のイタリア戦では4番手で登板。日本ハムの10年以来、実に13年ぶりのリリーフでした。

「(日本での登板が)もう最後になる可能性があるので(マウンドに上がったら)感謝の気持ちを持って投げたい」

前日にそう語り、WBC後はこう語っていました。

「日本で最後になるかもしれないマウンドを、かみしめて投げていました」

26年WBC第6回大会は、ダルビッシュ投手が40歳を迎えるシーズンです。ダルビッシュ投手は、来日前にパドレスと新たに6年契約を結んでいます。

結果的に第5回WBCでの登板は計6イニングとなりました。いずれにせよダルビッシュ投手は与えられる短いイニングで、自分の持つすべてを出そうと覚悟を決めていたのでしょう。

「WBC宮崎合宿合流時から、いろいろなものを背負って野球をやってきたんだなぁ」

私はダルビッシュ投手に対して、リスペクトの念が沸々と湧いてきました。

大谷翔平選手は、梶原有司ブルペンキャッチャーとキャッチボールをすることが多く、打者の練習もするので、私は大谷選手とはあまり絡みませんでした。しかし結構接したダルビッシュ投手には、決勝アメリカ戦前の練習キャッチボールのとき、思わず訊いてしまいました。日常会話のような自然な感じでした。

「きょう投げるの？」

「勝っていたら、いきます！」

ドラマチックな栗山監督がシナリオを考えているとしたら、「8回ダルビッシュ、9回大谷」かなと、私は思いを巡らせました。やはり栗山監督です。実際、その通りでした。

ダルビッシュ投手は今季メジャー12年目です。もう知らないことがないぐらい、知識が豊富です。多くのメジャーリーガーの「ホットゾーン（強み）」など、肌感覚のデータをみんなにアドバイスしていました。

「日本人投手のフォークは有効だ！」

決勝のアメリカ戦、トラウト選手に１打席目こそヒットを打たれましたが、以降４打席中、３打席が三振。フォークを投じた戸郷翔征投手も髙橋宏斗《ひろと》投手（中日）も、これ以上ない自信になったことでしょう。


ダルビッシュ投手の、数字に表れない大貢献は誰もが認めるところ。野球というチームスポーツが持つ、目に見えない「存在感」と「信頼感」です。それは「侍ジャパン」がＷＢＣ世界一になったということで実証されました。

㉟ダルビッシュとのLINE

振り返ると、ダルビッシュ投手がだいぶ後輩（５歳下）でよかったです。彼が先輩でも同級生でも、また違う状況になっていたでしょう。

向こうも全然気を遣わないのがいいですね。気は遣わないですが、絶対「友人口調」

「タメ口」では話しかけてきません。もちろん冗談とかは言いますけれど。モラルをわきまえたナイスガイなのです。

日本ハムの19年のアリゾナキャンプのときには、休日にダルビッシュ投手の自宅に招いてもらったこともあります。

日米離れていても、ＬＩＮＥでやり取りします。

「ナイスピッチングでした！」

「ありがとうございます！　今度は（パドレスの本拠地の）サンディエゴ、来てくださいよ」

「行きたいけど、ちょっと遠すぎて……（笑）」

ダルビッシュ投手がどう思っているか分かりませんが、私にとっては可愛い後輩です。

ＷＢＣ世界一の祝勝会「シャンパンファイト」の最後は、栗山監督の挨拶に続き、ダルビッシュ投手の言葉で締められました。

「また3年後、世界一を獲りに行きましょう！」

ダルビッシュ投手が40歳を迎えるシーズンであると同時に、今終わったばかりなのに3年後を見すえる飽くなき向上心に感心しました。


ダルビッシュ投手は、本書制作中の2023年8月16日時点で日本人最多のメジャー通算1919奪三振。日米通算196勝です。もうすぐ通算200勝も達成できそうです。過去には「9回二死までノーヒットノーラン」も2度あります（メジャー史上3人目）。「通算200勝」と「ノーヒットノーラン」、ぜひ達成してほしいです。

第3章

大谷翔平選手の「リーダーシップ」

㊱初対面での挨拶に感じた品格

#16●大谷翔平＝94年生まれ（29歳）、岩手県出身。
岩手・花巻東高〈甲子園〉→日本ハム（13年ドラフト1位～17年）→エンゼルス（18年～）
NPB・MVP（16年）、MLB・MVP（21年）ほか
NPB42勝＋MLB28勝＝70勝（22年終了時点）
NPB296安打（48本塁打）＋MLB530安打（127本塁打）

「直接メジャー行きか」「投打二刀流を本当にやるのか」など、大谷翔平選手は大きく騒がれての入団だったので、私もそれなりに気を遣いました。

ただ、大谷選手の父・徹《とおる》さんが、私と同じ三菱重工横浜の野球部、母・加代子さんはバドミントン部の出身だったのです。徹さんの在籍期間は私と重なっていません。

でも、大谷選手はそのことを知っていて、挨拶に来てくれました。

「はじめまして。ウチの父が鶴岡さんと同じ社会人野球チーム出身です。以後、よろしくお願いします」

「ああ、知っているよ。よろしくね」

初対面での挨拶といい話し方といい、いい躾《しつけ》をされて育ってきたんだな、品格があるなということを感じました。

注目を集めた高校時代からインタビュー慣れしている影響もあったのでしょう。しっかりと考えながら、丁寧な言葉遣いでハキハキと話す子だなというのが第一印象でした。

さて、今回のＷＢＣで再会するとき、実は私には大きな悩みがありました。

私が日本ハムに復帰した18年、入れ違いで大谷選手は海を渡りました。あちらは今や世界一有名な野球選手と言っても過言ではありません。テレビ画面の向こうの別の世界の人なのです。

（10年前のように「翔平」って、先輩面して軽々しく呼び捨てにしていいものかな……）

大谷選手はそんな私の悩みを知ってか知らずか、私を見つけるや声を掛けてきてくれたのです。

「ツルさ～ん、お久しぶりです」

「お、しょ、翔平……」

「ところで、何でブルペンキャッチャーしてるんですか？」

「栗山監督に言われて、ピッチャーの球を受けることになったんだよ。よろしくな」


何も変わっていなかった。杞憂《きゆう》でしたね。すぐ距離を縮めてくれて、話し掛けやすい雰囲気を作ってくれました。野球選手としての技術はもちろん誰しもが認めるところですが、彼のことを悪く言う人は皆無です。どうすればこんなに素直に育つのか、同じ社会人野球チーム出身の縁で、大谷選手のご両親に「子育て論」を訊いてみたいものです。

㊲敵の打者までが「大谷の将来性を伸ばさなきゃ！」

プロ1年目の大谷選手は、投手で13試合3勝0敗、防御率4・23の成績を残しています。ちなみにダルビッシュ投手の1年目は14試合で5勝5敗、防御率3・53でした。

私は大谷選手の「プロ初登板キャッチャー」「プロ初勝利キャッチャー」でした。プロ初登板、初先発のヤクルト戦でストレートは157キロをマークし、5回2失点(5月23日＝札幌ドーム)。プロ初勝利の中日戦で5回3失点(6月1日＝札幌ドーム)。変化球はカーブ、スライダー、フォークボールを持っていました。

最大の長所はストレートが速いことです。ただストレートも変化球も、ボールの縫い目に指がかかった「いい球」は少なく、「スッポ抜け」が多かったのです。だから、その試合その試合で「どれをカウント球にしよう」「どれを決め球にしよう」と、こちらも手探りの状態でした。もちろん、すべての球に「超一流への伸びしろ」を感じました。しかし現在の圧倒的な投球を10割とするなら、当時は1、2割に過ぎません。1年目の完成度という点においては、ダルビッシュ投手のほうが断然高かったです。

印象に残っているのは、セ・パ交流戦における和田一浩《かずひろ》選手（中日）との対戦で、毎年打スライダーで四球を出したときです。和田選手は中日黄金時代の4番打者で、率3割30本塁打をマークするような強打者でした。

ストレートが右打者の頭のほうに抜けるし、変化球は指に引っ掛けてストライクが入りません。当ててしまったら大変です。私は大谷選手に対し、ストライクの確率が高いスライダーを要求しました。しかし、ボール……。

「ツル、もっとストレートを投げさせなきゃ、ダメだよ」


それだけ言って、和田選手は四球で一塁に歩きました。

(将来性あふれるピッチャーなのだから、小手先の変化球に頼るのではなく、ストレートで勝負させなさい)

言いたかったのは、そういう意味だと私は理解しました。

プロ野球はチームの勝敗、個人成績が大事です。しかし敵であっても、将来を嘱望《しょくぼう》される若人《わこうど》を試合の中で育てていこうと考えてくれる選手がいることを感じたのは嬉しかったですね。それだけ大谷選手が類いまれな素質の持ち主だったのです。

投手の力量を表す指標として、「1試合9イニング平均の奪三振数」「1試合9イニング平均の与四死球数」があります。

13年プロ入り時と22年メジャー成績を比較してみました。奪三振数は6・71個から11・87個に、与四死球数は4・82個から2・39個に。10年の時を経て、双方とも段違いの完成度を見せています。

㊳打者としてはプロ1年目から完成されていた

大谷選手のプロ1年目の打撃成績は、77試合45安打、打率・238、3本塁打20打点。投手としてはまだ粗削りで「すべてが伸びしろ」という感じでしたが、打撃は「すでに完成品」と言っても過言ではありませんでした。

大谷選手の入団1年目のキャンプは2軍スタートでした。「大谷は、やはりいいよ！」という評判が、1軍キャンプ地にも届きました。1軍紅白戦を免除された日、私は同じ沖縄でキャンプを張る2軍で調整をしたのですが、大谷選手の打撃をひと目見て驚きました。
飛距離の出る新人バッターの多くは、投球を引っ張って首脳陣にアピールしようと考えるものです。左バッターならライト方向ですね。しかし、大谷選手の場合は違いました。バックスクリーンから左中間にしか打たないのです。

「ピッチャー返し」「センター返し」とよく言いますが、「センターを中心に流し打つ」ことにどんなメリットがあるのか。逆方向を意識するということは、投球を引きつけて長く見られる分、ヒットが打てて打率は上がります。さらに投球をギリギリまで見極めることにより、四球を選ぶことにもつながります。正確にはまだ卒業前の高校生ですから、打撃意識の高さに驚きました。もちろん、逆方向に打っても飛距離を出せる自信があったのでしょう。事実、打球が伸びてスタンドインしていました。

開幕の西武戦、高校出1年目の大谷選手は「8番ライト」でスタメン出場を果たしました。9番打者の私はネクストバッターズ・サークルで大谷選手の打席を注視しました。当時の岸孝之投手は5度の2ケタ勝利の実績で、開幕投手に選ばれたエースです。第1打席、大谷選手は岸孝之投手から見逃し三振に倒れました。

しかし2打席目、ライト線二塁打。エースのストレートに振り遅れない。変化球を引きつけて、ストライクとボールを見極められる。配球を読む。エースに対して、ピッチャーとバッターの1対1の勝負ができるばかりか、簡単に初ヒットを放ちました。ドライブ気味のライナーでしたね。さらに3打席目ライト前タイムリー。「たいしたものだ」というより、「凄い！」というのが偽らざる心境でした。すでにプロのレギュラーとしての力を持っていると感じました。

㊴スイングの速さとパワーで「ブロークン・バット・ホームラン」

翌14年からソフトバンクにFA移籍した私は17年まで、ライバルチームの主力打者の大谷選手とマスク越しに対戦することになります。プロ1年目から実力を認めていたわけですから、敵に回すと手強く、厄介なバッターなのは言うまでもありません。

思い出されるのは16年、千賀《せんが》滉大《こうだい》投手（現・メッツ）とバッテリーを組んだ試合。外角ストレートは大谷選手のバットの先っぽに当たり、折れた音がしました。レフトフライに「打ちとった」と思いきや、打球はスタンドに飛び込んだのです。思わず「えっ？」と千賀投手と私は顔を見合わせました。いわゆる「ブロークン・バット・ホームラン」（バットを折りながらの本塁打）です。

190センチを超えるような大柄の選手は、手足が長くてバットコントロールがしづらいものです。だからキャッチャーとして、バットの芯を外したり、タイミングを外したりすることができます。しかし、大谷選手は器用に対応してきました。来た球をそのまま素直に打ち返せるし、逆に配球を読んでも打てるクレバーな打者です。これはもうバッテリーとしてはお手上げ状態だと痛感しました。塁が詰まっていても四球で歩かせたいと思ったほどです。

さらに大谷選手はスイングスピードが速い分、投球をギリギリまで引きつけて打てます。だから落ちる球もバットに引っ掛けて、パワーで長打にできます。今回のWBC強化試合で才木浩人《さいきひろと》投手（阪神）のフォークボールを、左ヒザを地面につきながらも3ランにできたのもまさにそれが理由です。

またヒジをうまく畳むので、バットが体から離れません。内角の厳しい球もさばけます。最近の大谷選手は、メジャーリーグで打撃妨害での出塁が多いのを知っていますか。キャッチャーが捕球しようと出したミットにバットが当たってしまう。やはりスイングスピードが速い分、投球をギリギリまで引きつけてバットを出しているということです。

㊵自信があるのはバッターだけど、楽しいのはピッチャー

思えば大谷選手がプロ入りした13年のことです。栗山監督いわく「大谷翔平という選手が二刀流をやりますー」——「そんなこと、できるわけないじゃないか」。当時の野球評論家をはじめ、私たちチームメイトでさえも、ほとんどすべての人が懐疑《かいぎ》的、否定的でした。

先述したように13年春季キャンプ、大谷選手が打撃練習で左中間に大きな打球を飛ばしました。さらに栗山英樹監督は、大谷選手に遊撃を守らせたのです。これが実に上手かった。ピッチャーと遊撃を守れるということはセンス抜群です。

大谷選手の投球を私が受ける機会がありました。純粋に、球がべらぼうに速かったのです。ストレートは5球に1球ぐらいしか構えたところに来ません。ただ、その1球の衝撃が半端ではありませんでした。

緩いカーブ、スライダー、フォーク、全球種とも確率は低いですが、決まったときの球は将来性を感じました。確率は上がってくるものです。

「こりゃ、どちらかに専念させるというよりも、どちらもやめさせられないんだな」

――こんなエグイ球を投げているピッチャー、やめさせられないでしょう。

――あんなに遠くに飛ばすバッター、やめさせられないでしょう。

それが私の率直な感想でした。

プロ入りするような選手の場合、高校時代は「エースで4番」という選手が多いものです。ただ、どちらかいいほうに絞ります。ピッチャーは投球練習のほか、フィールディング、走り込み……。バッターは打撃練習のほか、守備練習、走塁練習……。そもそもプロ野球では「ピッチャーの練習」と「バッターの練習」は、完全に分かれてやるものです。

キャッチャーはどちらかと言えばバッターと一緒に練習します。ですから私は、日本ハム時代の大谷選手がバッターの練習はほぼ毎日やっていたのを目撃しています。先発ピッチャーの「中6日の調整」も、どこかで時間を作ってこなしていたのだと思います。

練習時間は投打半分ずつになるのではなく、2倍近くになるのではないでしょうか。大谷選手はよく「時間が足りない」と言っていましたから。

そして高校球界における「投打二刀流」は大谷選手に限らず常識の範疇《はんちゅう》ですが、NPB、MLBにおいても、「新たな常識」を自分で作っていったのではないでしょうか。

新人の大谷選手に私は1度訊いたことがあります。
「翔平、投げるほうと打つほう、実際どっちが好きなの？」
「自信があるのはバッターですけど、楽しいのはピッチャーです」

㊶超一流は常識をくつがえし「ルールを変更」させた

「超一流は常識をくつがえす」ものだと思います。大谷選手の「何が凄い」かと言えば、「ルールを変えてしまったこと」「新たな常識を作ったこと」だと思います。

16年に日本ハムが日本一になったとき、大谷選手は投手として21試合10勝4敗、防御率1・86、打者として104試合104安打、打率・322、22本塁打67打点。

この16年に「投手」と「指名打者（野手）」の重複記者投票が可能になり、大谷選手は両方でベストナインに選出されています。1940年に始まったベストナイン記者投票は、日本プロ野球77年目にしてルール変更がされました。

大谷選手はプロ入り時、左中間に伸びる打球が印象的な18歳でした。メジャーに移ってからは打撃フォームを「すり足」に変えるなど、相変わらず対応力に長《た》けていました。MLB当初はNPB同様に左中間への流し打ちの打球が伸びてスタンドインしていました。しかし、体が大きくなってパワーアップした21年は強引に引っ張る打撃も見られ、46本塁打をマークしました。バットコントロールに加え、スイングスピード、飛距離など、すべての要素が格段にグレードアップしていました。投げては９勝、打っては46本塁打で、MVPを獲得しました。

実績を残し、メジャーリーグにおいても「大谷ルール」を作ってしまいました。「先発投手兼指名打者（DH）としてスタメン出場した選手が、投手として降板したあとも指名打者として打席に立つことができる」というものです。

従来のルールでは、降板した投手が指名打者として打席に立つことはできず、打席に立つには、野手として守備に出る必要があるという制約がありました。アメリカン・リーグにおいて1973年度に制定された制度は、実に50年目の2022年から「大谷ルール」に変更となったわけです。日米において「ルールを変更」させてしまった大谷選手の怪物ぶりを改めて実感した次第です。

㊷自分の心をコントロールできる

大谷翔平選手はプロ入りした18歳、19歳のころから、マスコミの質問に対し、決して感情的にならず、穏やかに理路整然としたコメントで対応しています。

あれだけ騒がれてチヤホヤされても、逆に芳《かんば》しくない結果のときでも、喜怒哀楽を一切見せません。そういう姿勢が素晴らしいと思います。

イチローさん（オリックス→マリナーズほか）は「自分でコントロールできないことには関心を持たない」と言っていました。松井秀喜さん（巨人→ヤンキースほか）風に表現するなら「不動心」ということになるでしょうか。

長いシーズン、いいときがあれば悪いときがあるのは当然です。ただ、「メンタル面」

で自分の心をある程度コントロールできないと、「フィジカル面」「テクニカル面」における好不調の波が、シーズンの結果にそのまま出てしまうものだと思います。

キャッチャーをやっていると特に思ったのですが、「好調でも不調でも、このバッターはなぜこんなに淡々とバッターボックスに入れるのだろう」と感じる選手がいます。「侍ジャパン」で言えば、代表的なのは吉田正尚選手でした。

1打席にかける。1打席に集中する。「こういう選手が超一流なんだろうな」と思って大谷選手を見ていました。

一方で大谷選手は、WBC前の強化試合での打撃練習で特大弾を放ってガッツポーズをしていました。ああいうことをするような選手ではなかったのに、きっと意図的に味方選手を盛り上げていたのでしょう。

チームを奮い立たせて団結させるには、トップ選手の言動が一番盛り上がるものです。熟慮しての行動、1つの「リーダーシップ」だったと思います。

㊸ピッチャー大谷を、トレーナー大谷が管理する

今回、17年のNPBの試合以来、6年ぶりに再会してみての第一印象は、「デカっ！」のひとことに尽きます。身長193センチは変わりませんが、見るからに筋骨隆々になっていました。シャツの上からでも三角筋や広背筋《こうはいきん》が、盛り盛りしていました。そうとうウエイトトレーニングで鍛えたのでしょうね。

昨22年は投手として28試合166イニングを投げ15勝9敗、219奪三振、防御率2・33。打者として157試合160安打、打率・273、34本塁打95打点をマークしました。

勝利数と本塁打数は双方、ア・リーグ4位です。1人でエース級投手と主力打者の成績を残してしまうのですから驚異と言うしかありません。新契約で「12年800億円」などという天文学的な数字が飛び出すゆえんです。

打者としては、21年に高めストレートを強引にライト方向に引っ張って46本塁打し

たのは先述した通りです。

投球内容を見ると、昨22年は左バッターに縦のスライダー、右バッターに横のスライダー、さらにツーシームを投じて攻めていました。さらに今季はスライダーがベース１個分（43・2センチ）大きく曲がる「スイーパー」を投げるなど、進化を遂げています。

大谷選手はメジャーリーグにおいても「１００年に１人」と称される選手なのですから、野球評論家が解説できる域を超越しています。

「ＮＰＢ初勝利キャッチャー」として、僭越《せんえつ》ながら言わせていただくと、こんな感じです。

――「ピッチャー大谷を、トレーナー大谷が管理している」

よくテレビのスポーツニュースで、重量のある「プライオボール」を球場フェンスにぶつけるシーンが映されます。大谷選手独自のルーティーンがあるようですね。

ＷＢＣ期間中でも、トラックマンで球質を１球１球測定しながら投げていました。

大谷選手は右ヒジのトミー・ジョン手術を経験し、19年は投げていません。

それだけに数値をしっかり管理していました。自分の中の基準をしっかり満たしている数値であれば、好不調の波が出づらいという、自信を感じました。

㊹打撃練習は、日本選手への「メッセージ」

WBCの壮行・強化試合である3月4日の中日戦（バンテリンドーム ナゴヤ）、3月6日の阪神戦（京セラドーム大阪）で、大谷選手が打撃練習をしました。打球は広い両球場の上段に大きな弧《こ》を描いて突き刺さりました。

私は外野で打撃練習の球拾いをしながらその光景を見ていました。ふつう、このぐらいの角度で打球が上がれば、外野のこのあたりに落ちてくるというのは肌感覚で分かるものです。しかし、大谷選手の打球は落下するどころか、打球速度が落ちず、スタンド上段まで届いてしまうのです。

大谷選手と他選手の差を表現するなら、「プロの1軍と2軍ほど違う」と言うよりも、

「プロ野球選手と高校球児ほど違う」の表現が妥当でしょうか。中日や阪神の若手選手は、あたかも花火大会でも見るように、打球が打ち上げられるたびに喜び、また驚《きょう》愕《がく》の表情をしていました。スマートフォンで動画撮影をする選手も多かったです。

ファンサービスという側面もあったのでしょうが、岡本選手や村上選手ら日本球界の次代を担う選手に見せる意図もあったのかもしれません。２人のホームラン打者は、打撃ケージに貼り付いて見入っていました。私は大谷選手のメッセージだと思っています。

「これぐらいのスイングスピード、打球速度、打球角度、コンタクト能力。それらが結集すれば、あそこまで打球が飛びます。メジャーで40本塁打以上マークできますよ」というメッセージだと。

ＷＢＣ４戦目、オーストラリアのデーブ・ニルソン監督は、メジャー通算１０５本塁打。ブルワーズ時代の99年には野茂英雄投手とバッテリーを組んで12勝に導いています。00年には登録名「ディンゴ」で中日に入団。04年のアテネ五輪ではジェフ・ウイリアムス投手（阪神）とバッテリーを組み、日本戦の勝利に貢献。オーストラリアは銀メダルを手にしました。日本野球を知り尽くしています。

昨年11月の強化試合では、「侍ジャパン」は8対1、9対0でオーストラリアを一蹴しましたが、オーストラリアはその後の国内リーグで調子を上げ、WBC初戦の韓国戦に勝利。

油断は禁物で臨んだ試合でしたが、初回、大谷選手が放った東京ドームの看板直撃の特大3ランがすべての不安を打ち消しました。

㊺村上は大谷の打撃練習を見て自信喪失（?）

大谷選手の打撃練習の話には続きがあります。実は1次ラウンドのとき、試合前のアップをしている近藤健介選手と村上宗隆選手に呼ばれたんです。

「ツルさん、プロ5年目って、翔平よりムネのほうが凄かったですよね？」

「どういうこと？」

「ムネが大谷選手の打撃練習を見ていて、凄すぎてショックだったんですって」

思えば2月21日、ＷＢＣ「侍ジャパン」の宮崎合宿における実戦形式の打撃練習で、ダルビッシュ投手が「初登板」。真ん中高めのツーシームを村上選手はスタンドまで運びました。

村上選手は「風です」と謙遜しましたが、ダルビッシュ投手は村上選手を絶賛。「こんな（みんなが見ている）ところで、公開処刑されて悲しいです（苦笑）。あの球をそんなに簡単にはメジャーのバッターは打てない。それを1発で打ったのでびっくりしました」

それだけに、近い将来のメジャー入りを視野に入れているだろう村上選手にとって、大谷選手の打撃は衝撃的だったに違いありません。そういうわけで、同じ「高校出プロ入り5年目」の比較となったわけです。大谷選手のプロ5年目は故障もあったので、4年目ＭＶＰ時の打撃成績を挙げてみましょう。

・大谷16年＝１０４試合１０４安打、打率・３２２、22本塁打、67打点

・村上22年＝141試合155安打、打率・318、56本塁打、134打点

近藤選手と私が2人で、まるで村上選手を励ますような雰囲気でした。
「ムネは三冠王なんだから、ムネのほうが凄かったんだよ」（近藤、鶴岡）
「でも、もっと上をめざさなきゃいけないんですね」（村上）
それが1次ラウンドの村上選手の不調と関係しているのかは定かではありません。
しかし、準決勝のサヨナラ打、決勝の本塁打と、最高の形で村上選手は復活しました。

大谷翔平選手と一緒のユニフォームでプレーしたことは、村上選手だけではなく、ピッチャー陣、バッター陣にとっても最高の刺激になったことと思います。私は大谷選手のテクニカル面はもちろんのこと、フィジカル面を注目してほしいです。「パワーから生まれる技術がある」というところです。

さらに、メジャー超一流選手とみずからを比較対照させる1つの「物差し」になっ

たと思います。今後、メジャー志望選手は増えるでしょうね。

「日本球界の空洞化」を心配する人もいますが、今回のＷＢＣを目の当たりにした子供たちからもまた有望選手がきっと出てきます。そういう意味でも、今回のダルビッシュ投手、大谷選手のＷＢＣ参加は日本野球にとって意義深いことでした。

㊻準々決勝――雄叫《おたけ》びと勝利への執念

ＷＢＣ準々決勝のイタリア戦、勝てばベスト４。アメリカでの決勝ラウンドに進出できます。先発・大谷選手が１球１球、雄叫びを上げて力投したのは、チームを鼓舞していたのだと思います。これまでも吠えながら投げたことはありますし、それだけ気合が入っていたということでしょう。

大谷選手は打者としてもセーフティーバントを試み、勝利への執念を見せました。それが３回の４点につながりました。

いずれにせよ、準々決勝に勝って、前回17年ＷＢＣ４回大会のベスト４に並びました。何かホッと安堵した気持ちでしたね。

㊼準決勝――敗色濃厚の展開

準決勝メキシコ戦。先発左腕は大谷選手の同僚であるパトリック・サンドバル投手でした（エンゼルス＝22年27試合6勝9敗、防御率2・91）。今大会対戦の先発投手ナンバー1の球の切れでした。「左バッターが打てていない」という情報が入っていたらしいです。

事実、1回裏は3者連続三振。左ピッチャー特有の切れ味鋭いスライダーとシンカーで緩急をつける。左バッターに「強い打球を打たせない」ということでしょう。「侍ジャパン」打線は、ヌートバー選手、近藤健介選手、大谷選手、吉田正宗選手、村上宗隆選手と、5番まで左バッターが続きます。

先発・佐々木朗希投手は、大谷投手やダルビッシュ投手と遜色ないスピードの持ち主です。しかし4回表、145キロの抜けたフォークを3ランされました。私は球場左中間に位置するブルペンで山本由伸投手の投球を受けていたのですが、3ランの打球が飛んでくるのが見えたのです。このあたり、1章でも振り返りましたが、大谷選手の働きに注目するために、改めて見ていきましょう。

メキシコ選手はスタメン全員がメジャー経験者。失投すればスタンドインされてしまう技術を持ち合わせていました。

「やられた……。しかも相手先発が絶好調。これはヤバい」

それでも7回裏に4番・吉田正尚選手が起死回生の同点3ラン。

しかし、8回表に山本投手、湯浅京己投手が打たれて2失点。

追いついても、また突き放される展開。野球というゲームの流れからすれば、負けると思いました。

㊽準決勝──味方を鼓舞する激走二塁打

1点ビハインドの9回裏、先頭打者は大谷選手。バットを2センチ短く持って初球打ち。ヘルメットを飛ばして激走し、二塁打にしました。あの冷静な大谷選手が珍しく感情をあらわにしました。

「ここからだ！　盛り上がれ！」とばかりのジェスチャーでしたね。

続く吉田正尚選手が四球で、無死一、二塁。一塁走者・吉田選手の代走は、取って置きの「スピードスター」周東佑京選手でした。送りバントで、一死二、三塁にしてからの勝負だと私は思いました。

城石憲之コーチの証言によれば「ベンチ裏で牧原大成選手は顔面蒼白だった」そうです。のちに本人も「吐きそうな気持ちだった」と重圧の胸中を吐露しています。

それはそうでしょう。9回裏、送りバントは絶対失敗できない状況です。8回裏の源田壮亮《そうすけ》選手（西武）の送りバントを見ても、メキシコの内野守備陣はバントシフトを仕掛けてきました。準決勝ともなると、これまでの相手とはやはりレベルが違うのです。

まず同点に追いつかなくてはなりません。一死二、三塁にすれば６番・中野拓夢《たくむ》選手（阪神）、７番・山田哲人《てつと》選手（ヤクルト）と続きます。もう牧原選手以外、野手陣は全員使い果たしていました。

腹を決めた栗山監督からの言葉を、城石コーチが村上選手に伝えに行きます。

「お前に任せた。お前で決めろ！」

㊾大谷二塁打が呼んだ「サヨナラ勝ちのデ・ジャブ」

「あとからなら何とでも言える」と言われてしまえば、それまでです。しかし、１章でもお伝えした通り、私には「サヨナラ勝ちのデ・ジャブ」が脳裏に浮かんだのです。周東選手がホームベースを駆け抜けるシーンです。

なぜなら村上選手は、初球ファウルのタイミングが合っていました。しかも、２球目がボール球になるのをしっかり「見切っている」のを感じたのです。

「イケる！　サヨナラだ！」

二塁走者だった大谷選手も、のちに「（村上は）ファーストスイングから、いい軌道で振れていた」と証言しています。


打球はライト線に落ちるのか、はたまたサヨナラ3ランか分かりません。ただ「デ・ジャブ」では、周東選手がしっかりとホームを踏んでいました。

結果は左中間二塁打でしたが、一塁走者・周東選手のベースランニングの速かったこと、速かったこと。二塁走者・大谷選手を追い抜いてしまうような勢いでした（笑）。


興奮した私は、球場左中間に位置するブルペンからマウンドまで約100メートルを全速力で走っていき、気づけば選手たちと夢中で抱き合っていました。私は現役19年間で通算12盗塁ですが、人生で一番速かったかもしれません（笑）。

試合終了後、三塁線に選手が整列して挨拶するとき、私も思わず選手と一緒に並んでいました。

「ツルさーん！　ダメダメ、こっちですよ！」

梶原有司ブルペンキャッチャーにたしなめられたほど、我を忘れ、興奮していたのです（笑）。それにしても、大谷選手の二塁打、チームを鼓舞したシーンから始まったドラマチックなサヨナラ劇でした。

㊿決勝——「憧れるのをやめましょう」

そして決勝のアメリカ戦前の大谷選手の「声出し」です。

「僕から一個だけ。憧れるのをやめましょう。ファーストにゴールドシュミット（カージナルス）がいたり、センターを見ればトラウトがいるし、外野にベッツ（ドジャース）がいたり……。野球をやっていたら誰しも聞いたことがあるような選手たちがいると思う。憧れてしまっては超えられないので。僕らはきょう（アメリカを）超えるために、トップになるために来たので。今日1日だけは彼らへの憧れを捨てて、勝つことだけ考えていきましょう！」
〈編集部注／ポール・ゴールドシュミット（MVP1、本塁打王1、打点王1）、マイク・トラウト（MVP3、打点王1、盗塁王1）、ムーキー・ベッツ（MVP1、首位打者1、ゴールドグラブ賞6）〉

アメリカ戦の前、トラウト選手から日本選手に向けての直筆サインボールがたくさん用意されてあったことは、テレビ特番〈編集部注／テレビ朝日『侍ジャパンWBC世界一の熱狂！』〉で栗山監督が明かしていました。

いわゆる「名前負け」ですね。選手たちの気を引き締めるための、大谷選手なりのリーダーシップだったのだと感じます。そして大谷選手自身、メジャーでの大活躍は「憧れを捨てた」結果であり、実体験からのアドバイスだったのでしょう。

いずれにせよ、準々決勝イタリア戦、準決勝メキシコ戦、決勝アメリカ戦での大谷選手の言動やリーダーシップに、「侍ジャパン」の選手たちは、間違いなく勇気づけられました。

㊿日本人メジャーリーガーが並んで投げる「最高の景色」

短いイニングをつないでいこうというのは栗山監督と吉井理人投手コーチのプランだと思います。大勢《たいせい》投手（巨人）が7回に投げるという話は何となく聞いていました。となると、最後は「ダルビッシュ投手―大谷投手」のリレーではないかなと、私は勝手に思い描いていました。ただ、白井一幸ヘッドコーチも、吉村禎章《さだあき》打撃コーチも、最後まで知らなかったそうです。

大谷選手が投球練習をするために、球場左中間に位置するブルペンと打席を2往復もしていたので、投げるであろうことは自然と両チームにバレてしまっていたのですが……（笑）。

7回、われわれブルペンキャッチャー2人は、「侍ジャパン」が誇る日本人メジャーリーガー2人が、ブルペンで並んで肩慣らしをする「最高の景色」を見ることができました。

「おそらく歴史が動くのだろうな」

「侍ジャパン」はスター軍団アメリカにソロ本塁打2発を許しましたが、村上選手と岡本選手の大砲の2発、そして内野ゴロの間に得点。1点リードのまま最終回を迎えたのです。

さすがの大谷選手も先頭打者のジェフ・マクニール選手を四球で出塁させました。球場内は「USA」の大合唱。しかし、続く1番・ベッツ選手を二塁ゴロ・ダブルプレーに斬って取ったのです。

㊷大谷VSトラウト——シナリオ通りの最後の対決

9回二死、打席に入ったのは、大谷選手の同僚、アメリカの主将マイク・トラウト選手です。「現役最強打者」の評価は、今さら説明の必要もないでしょう。本塁打なら当然同点、抑えれば「侍ジャパン」の世界一。

この2人が対決するラストシーンを誰もが望んでいたに違いありません。しかし、シナリオにしても出来過ぎの「最後の対決」でした。

初球、大きく曲がる141キロのスイーパーはボール。160キロ台のストレートを4球続け、カウント3ボール2ストライク。最後はスイーパーで空振り三振。

ブルペンには、中継のモニターではなく、球場を俯瞰《ふかん》した映像が流れるモニターがあるのみでした。プレー映像が逐一アップで映し出されたわけではありません。

ただ最後、トラウト選手のバットが空を切ったのは、ブルペンからでも認識できました。あの冷静な大谷選手が興奮してグラブと帽子をほうり投げました。それだけ緊張感が張り詰めた極限の戦いだったのです。

ブルペンでは延長戦に入った場合の「タイブレーク（無死二塁の状態で回がスタート）」に備えて準備をしていました。あの試合、7人のピッチャーの継投でした。試合終了直後、残る8人のピッチャーをブルペンから、歓喜に沸くダイヤモンドに送り出しました。

そのあと、厚澤和幸ブルペン担当コーチ、梶原有司ブルペンキャッチャー、そして私が、ダイヤモンドの歓喜の輪に加わったのです。栗山監督、コーチ、選手のみんなと世界一の喜びの大きさ、最高の瞬間を分かち合えました。


大谷選手が岩手・花巻東高時代に書いた「人生計画表」には、「27歳WBC代表」「MVP」とあるそうです。その通りになりました。決勝戦直前のミーティング、栗山監督がメンバー発表したときです。

「アメリカを倒すために君たちを選んだから。絶対負けないメンバーを選んだつもりだから自信を持ってやってくれ」


1934年（昭和9年）、ベーブ・ルースらメジャーリーグ選抜軍を迎え撃つために結成された日本代表軍は、手も足も出なかったそうです。

大谷選手はよく「ベーブ・ルース以来の2WAY（投打二刀流）」と表現されます。

メジャーリーグ選抜軍の来日以来90年の時を経て、本場アメリカでメジャー打倒を果たした歴史的な瞬間。もう「憧れる」時代ではないのかもしれません。

㊸「金メダル、今度は君たち自身の手でつかむんだよ」

「侍ジャパン」の監督・コーチ、選手たちが表彰台に登り、ＭＶＰ・大谷選手が中央で優勝トロフィーを高く掲げました。私は表彰台の下、一番前の特等席から、スマートフォンでその光景を撮影していました（笑）。

表彰セレモニー後、選手たちの家族も、スタンドからグラウンドに降りることができました。最高の家族孝行ですよね。ヌートバー選手の母・久美子さんが、大谷選手に抱きついている姿がテレビに映っていたそうです（笑）。

私も栗山監督との記念ツーショット写真を、スマートフォンで自撮りしました。栗山監督が自分の金メダルを僕の首にかけてくれたのです。

「ツル、本当に助かったよ。ありがとう！」

このツーショットはテレビ中継にも映っていたそうです。そのテレビ画面をスマホで撮影して、LINEで送ってきてくれた知人が50人もいました。

東京五輪（主催＝国際オリンピック委員会）のときは優勝しても、稲葉篤紀監督やコーチ陣に金メダルはなかったそうです。しかし、今回のWBC（主催＝MLB機構、MLB選手会）は、監督・コーチ・スタッフにも金メダルを用意していただけました。宿舎に戻ると自分のものがあって、本当に嬉しかったですね。

保管用の木箱もいただいて、大事に取り扱っています。金メダル自体の重量も重いです。しかし、みんなのいろいろな「思いが込められている重み」があるのです。

私は北海道在住なのですが、大会後、出席したイベントの主催者に頼まれて子供たちに金メダルを見せてあげました。金メダルを見つめる目は、みんなキラキラと輝いていました。

「きょうは約束通り、持ってきましたよ。いつかは君たち自身の手で獲れるような選手になってください」

帰国してから、よくこんな声が私の耳にも届きました。

「何のスポーツをするか迷っていたけど、今回のWBCを見て、野球を始めました」

「全然野球に興味がなかったですけど、面白いことが分かって、プロ野球を観に行きます」

野球に関心の薄かった人たちが、野球に興味を持ってくれる。プロ野球関係者の一員としてはそれが一番嬉しいことです。

第4章

スラッガーたちの「調整力」

第5回WBC侍ジャパンの内野手・外野手

【内野手】

#1●山田哲人＝92年生まれ（31歳）。兵庫県出身。大阪府・履正社高〈甲子園〉→ヤクルト（11年ドラフト1位〜）
現役通算12年＝1325試合1401安打、打率・286、271本塁打、801打点
MVP1、トリプルスリー3ほか

#2●源田壮亮＝93年生まれ（30歳）、大分県出身。大分商高→愛知学院大→トヨタ自動車→西武（16年ドラフト3位〜）
現役通算6年＝768試合827安打、打率・272、14本塁打、222打点
新人王、ベストナイン4、ゴールデングラブ賞5

#3●牧秀悟＝98年生まれ（25歳）、長野県出身。松本第一高→中央大→横浜DeNA（21年ドラフト2位〜）
現役通算2年＝272試合301安打、打率・302、46本塁打、158打点
ベストナイン1、「入団2年連続の20本塁打」は史上9人目

#5●牧原大成＝92年生まれ（31歳）、福岡県出身。熊本・城北高→ソフトバンク（11年育成ドラフト5位〜）
現役通算12年＝584試合449安打、打率・270、17本塁打、134打点
千賀滉大、甲斐拓也と同じ年の育成ドラフト入団。内外野守れる万能選手

#7●中野拓夢＝96年生まれ（27歳）、山形県出身。日大山形高〈甲子園〉→東北福祉大→三菱自動車岡崎（21年ドラフト6位〜）
現役通算2年＝270試合284安打、打率・274、7本塁打、61打点
盗塁王1

#25●岡本和真＝96年生まれ（27歳）、奈良県出身。智弁学園高〈甲子園〉→巨人（15年ドラフト1位〜）
現役通算8年＝722試合717安打、打率・271、165本塁打、492打点
本塁打王2、打点王2ほか

#33●山川穂高＝91年生まれ（32歳）、沖縄県出身。中部商高→富士大→西武（14年ドラフト2位〜）
現役通算9年＝769試合666安打、打率・256、218本塁打、570打点
MVP1、本塁打王3、打点王1ほか

#55●村上宗隆＝00年生まれ（23歳）、熊本県出身。九州学院高〈甲子園〉→ヤクルト（18年ドラフト1位〜）
現役通算5年＝553試合543安打、打率・281、160本塁打、430打点
MVP1、三冠王1ほか

【外野手】

#8●近藤健介＝93年生まれ（30歳）。千葉県出身。
神奈川・横浜高〈甲子園〉→日本ハム（12年ドラフト4位～22年）→ソフトバンク（23年～）
現役通算11年＝1014試合1016安打、打率・307、52本塁打、446打点
ベストナイン3、最高出塁率2

#9●周東佑京＝96年生まれ（27歳）、群馬県出身。
東農大二高→東農大オホーツク→ソフトバンク（18年育成ドラフト4位～）
現役通算5年＝355試合214安打、打率・247、10本塁打、53打点
盗塁王1

#23●ラーズ・ヌートバー＝97年生まれ（26歳）、米カリフォルニア州出身。
エルセグンド高→南カリフォルニア大→カージナルス（19年ドラフト8巡目～）
現役通算4年＝166試合92安打、打率・231、19本塁打、55打点

#34●吉田正尚＝93年生まれ（30歳）、福井県出身。
敦賀気比高〈甲子園〉→青山学院大→オリックス（16年ドラフト1位）→レッドソックス（23年～）
現役通算7年＝762試合884安打、打率・327、133本塁打、467打点
首位打者2ほか

#51●鈴木誠也＝94年生まれ（29歳）、東京都出身。
二松学舎大付高→広島（13年ドラフト2位）→カブス（22年～）
日本通算9年＝902試合937安打、打率・315、182本塁打、562打点
米国通算1年＝111試合104安打、打率・262、14本塁打、46打点
首位打者2、ゴールデングラブ賞5ほか

です。

㊹近藤健介「類いまれな打撃技術と選球眼」

近藤健介選手は、もともとキャッチャーです。日本ハム入団は、大谷選手の1年前です。

松坂大輔さん（西武ほか）をはじめ、50人以上をプロ野球界に送り込んだ横浜高の元名物部長・小倉清一郎氏が「長い横浜高野球部の歴史でもベスト3に入る」と言うほどの名キャッチャーでした。

実は私がFA宣言した理由の1つに「近藤健介の存在」があります。プレーを見た瞬間に感じました。

「あ、彼にレギュラーを獲られるな。彼に勝てないな」

強肩はもちろん、「ブロッキング」技術もすぐれていました。高校出1年目なのにプロ野球のピッチャーのワンバウンドを普通に止めたのです。打撃でも紅白戦で、流し打ってレフトオーバーの二塁打を放ったのが印象深いです。

「経験がモノを言う」と言われるキャッチャーのポジションにおいて、1年目の12年にいきなり1軍で20試合出場。当時の日本ハムは、43歳・中嶋聡《なかじまさとし》捕手、31歳・鶴岡、19歳・近藤捕手という、ちょうど1回り年齢差のあるキャッチャー陣だったときもありました。

中嶋捕手とは、現・オリックスの中嶋監督です。プロ野球史上最多タイの実働29年。また「プロ野球史上ナンバー1強肩捕手」の評価は誰もが認めるところでしょう。もちろん日本ハムにはドラフト1位入団・25歳の大野奨太捕手という好捕手の存在もありました。

当時から近藤選手に、野球に対する真摯《しんし》な取り組み、打撃に対する執着心を感じました。彼はネットワークを張り巡らして、いろいろなことを吸収していました。

元来、器用なのでしょう。中学時代は強豪校で遊撃を守って軟式の全国大会に出場したそうです。プロ入り3年目の14年は三塁で70試合出場、15年はキャッチャーで58試合出場。類いまれな打撃技術をさらに生かすために、16年から外野手に転向しました。

近藤選手の打撃の特徴は、現役11年間（22年終了時点）で通算打率が3割を超えるバットコントロールです。18年から4年連続してリーグ6位以内の高打率を残し、ベストナインを3度受賞しています。しかも選球眼がよく、19年103四球、20年89四球を選んで、両年ともリーグ最高出塁率をマークしています。

⑮チャンスメーカー、ポイントゲッターとしての「調整力」

一塁走者がいるときは、一塁手がベースに張り付くので、一、二塁間が広く空きます。送りバントをしなくても、近藤選手のような左バッターが打って一、二塁間を破れば、走者一、三塁とチャンスは拡大します。

近藤選手の盗塁数は毎年1ケタ台と多くはないですが、その分、二塁打は毎年30個前後を数えます。「盗塁が少なくても、二塁打が多い」――これには大きな意味があります。送りバントでアウトを相手に1つ献上しなくても、自分1人で得点圏に侵入できるということです。つまり二塁打は、打線の「チャンスメーカー」にもなれるし、「ポイントゲッター」にもなれるということです。

近藤選手は「盗塁が少ない」というみずからのウィークポイントを「調整」し、なおかつチームの打線を「調整」する役割を担えます。どういう状況に置かれても、臨機応変に「出塁する」「走者を還す」能力を持っています。栗山監督が、近藤選手をＷＢＣで２番打者にすえたのが理解できるような気がします。

例えば韓国戦、１対３の３回裏無死一、三塁。近藤選手のセンターオーバーの二塁打で２対３、なお無死二、三塁。５番・吉田正尚選手の２点タイムリーで４対３と逆転に成功。この場面ではポイントゲッターであり、かつチャンスメーカーの役割を果たしました。

オーストラリア戦、１回表四球で出たヌートバー選手を一塁に置き、ライト前ヒットを放ってチャンス拡大。大谷選手の先制３ランを呼んでいます。

メキシコ戦、０対３の７回裏、二死無走者から貴重なライト前ヒット。今度は４番・吉田選手が同点３ラン。最終的に村上選手のサヨナラ打につながっています。

今回のWBCで9安打は吉田選手に並ぶチーム2位タイ(1位は大谷選手の10安打)、8四死球も吉田選手と並びチーム3位タイ（1位は大谷選手の10四死球、2位は岡本選手の9四死球）でした。元キャッチャーだったことも、配球を読む点において役立っているのは間違いありません。やはり、ここぞという重要な局面において、近藤選手の超一流の「調整力」は目を引きました。

先述した「自信喪失（?）」状態の村上選手を励ましたことも、メンタル面における近藤選手の「調整力」と言えるでしょう。

㊻メカニックで論理的に打つ

近藤選手は体の「メカニック（組み立て）」を大事にしているので、感覚ではなくて論理的に打てる選手です。例えば、投球まで最短距離で出るバットの軌道。さらにバットスイングが速いので、キャッチャー寄りギリギリまで投球を引きつけられる。そうすることで、ストライクとボールの見極めができる。ストライクを打てば、ヒットが出やすくなる。ボールを見逃せば、四球を多く選べる。そんな具合です。

中田翔選手の巨人移籍もあって、２０２１年から２０２２年の近藤選手はチームに長打力が必要だと考えたと思います。打つポイントを前にすれば、それだけ腕が伸びて力を投球に伝えやすいので、本塁打も出やすい。

ただ、その分、スイングの始動を早くしないといけないので、三振も増える。進化を求めるがゆえに、三振が増える。だから、近藤選手は動体視力を養う「ビジョントレーニング」にも取り組んでいるのです。

動体視力を養うことだけを専門的にフィーチャーする選手は少ないと思います。ただ、近藤選手は、野球につながることはとにかく全部やる選手です。現状維持に満足せずに、常に上をめざしています。だからこそ、ずっと安定した成績を残せるのでしょう。

近藤選手はミートポイントを後ろにすることも、前にすることも両方できます。21年は４番に座り、リバン・モイネロ投手（ソフトバンク）から豪快な本塁打を放ちました。モイネロ投手は年間1、2本しか本塁打を打たれない好リリーフ投手です。

「長打が出るようなスイング軌道に変えています」とは彼の発言です。

長打が出やすい「バレルゾーン」は、打球の打ち出し角度が26度から30度と言われます。それに即してスイング軌道を研究しているようでした。

ほかにも、股関節の入れ方、下半身の使い方、タイミングの取り方などのトレーニング法を勉強しているのでしょう。

近藤選手のマインドを訊きました。

「五輪やＷＢＣのような日本代表に選ばれると、いろいろな選手の打撃を見て、このままではダメだと感じます。いろいろな選手から刺激をもらってモチベーションが上がりました。また次の新しい課題にトライして、自分をずっと高めていきたいです」

㊼「捨てる勇気」と「変わる勇気」

近藤選手を見ていると、自分の体の仕組みを頭で理解して、技術を体が具現化できるよう、体の仕組みをもう1度頭につなげていると思います。

簡単に言えば近藤選手の場合、「論理的に体に伝える」ということになります。昔風に言うなら「体で覚える」ということでしょう。

「何となく漠然《ばくぜん》とできた」ではなく、「考えて論理的にできた」ことが、一流中の一流になれるか、なれないかの分かれ目だと思います。

「才能」か「努力」かと言えば、持って生まれた才能もありますが、努力次第で何とかなるものだと思います。努力できることは1つの才能です。

近藤選手はこれまで「ヒットをたくさん打って、四球をたくさん選んできた」。それを「三振が多くなっても、本塁打を多く打てる」ように方向転換する。

第2章のダルビッシュ投手ではないですが、「現状維持は衰退だ」との考え方です。

これまで築いてきたものを「捨てる勇気」、そしてさらなる進化を遂げるために「変わる勇気」が近藤選手には伴っているのだと思います。

ダルビッシュ投手や近藤選手のように、まずトライしなければ何事も始まりません。しばらく粘り強くトライしてみればいいじゃないですか。最後まで粘り強くトライしてみて、本当にダメだったときに、またそれを「捨てる勇気」も必要だと私は思います。

栗山監督風に表現するのなら、「やらないで後悔する」より、「やって後悔する」ということです。

㊳吉田正尚「淡々と仕事をこなす必殺仕事人」

吉田正尚選手には、プロ入り時から注目していました。ドラフト会議でオリックス1位指名が決まったとき、青山学院大4年時の打撃フォームを映像で見たのです。バットを「振る力」が半端ではなかったですね。バットが体から離れない。いわゆる「インサイドアウト」です。私には「このバッターは、絶対プロで打つな」という直感が働きました。

私はソフトバンク時代2年間、日本ハムに復帰して4年間、計6年間対決しています。吉田選手はプロ3年目から規定打席に達して、首位打者2度、現役通算7年間で実に打率・327という、とてつもない数字を残しています。

フルスイングしているのに、三振が少なくて、四球が多い。とにかくスイングスピードが速いのです。近藤選手の項でも話しましたが、スイングスピードが速い分、投球を引きつけて打つことができます。

普通なら振り遅れる左ピッチャーの内角スライダーなど、配球を読まれて打たれたというよりも、反応してからのスイングスピードで対応された感じがします。

173センチとプロ野球選手としてはかなり小柄な部類ながら「マッチョマン」のニックネーム通り、パワーがあって長打力があります。吉田選手の打球音だけ、他選手と明らかに違います。「グシャッ!」という球を叩き壊すような音がします。

WBC中、味方が勝ち越しても、相手に先制されても、ダグアウトの中でまったく一喜一憂しなかったそうです。自分の出番では何をすべきか、常に冷静に考えています。言わば、自分の仕事を淡々とこなす「必殺仕事人」なのです。

それがメキシコ戦での起死回生の同点3ラン、WBC新記録の1大会13打点につながったのでしょう（日本2位は大谷選手の8打点）。メキシコ戦の右翼ポール際の当たりも、周囲は「ファウルかもしれない」と見守っていましたが、ミート時の手ごたえから「あれは入るでしょう」との確信があったそうです。

村上選手が不調のときも「侍ジャパン」の打線を支え、バットマンとしての一日《いちじつ》の長《ちょう》を感じました。


メジャーでは21打席連続ノーヒットと苦しんだ時期がありましたが、徐々に上昇気流に乗せていったのはさすがだと思わせました。

走攻守3拍子そろった鈴木誠也選手（広島→カブス）のメジャー推定契約金が5年101億円だというのに、吉田選手の推定契約金が5年123億円。打撃面への高い評価がうかがわれます。

⑲ヌートバー「多様性の意義」

ラーズ・ヌートバー選手の「侍ジャパン」入りが発表されたとき、正直誰だろうと思った人がほとんどで、誰もがネット検索したことでしょう。実は私もその１人です。昨22年シーズンは、メジャーで１０８試合３４７打席66安打51四球71三振、打率・２２８、14本塁打40打点、４盗塁。三振は多いし、打率も低いし、盗塁は少ない。しかも本職はライトです。「１番センター」なら近本光司《こうじ》選手（阪神）や塩見泰隆《しおみやすたか》選手（ヤクルト）の選択肢もあったはずです。

しかし一方で、四球は多いし、長打力もある。私も映像を見たのですが、いい選手だなと感じました。

栗山監督は、メジャーリーグでプレーする日系選手を日本代表に選出する理由についてこう語っていました。

「グローバル化する世の中で、そういう人たちが（仲間として）『普通にいる』ということを、子どもたちに伝える責任がある」

つまり「多様性」ですよね。

周囲の心配は、杞憂に終わりました。大正解でした。3月6日強化試合の阪神戦の初打席で名刺代わりのヒット。WBC本番、初戦の中国戦での初球ヒット。続く韓国戦での遊撃後方の飛球へのダイビングキャッチ。ヌートバー選手自身も、流れをつかんだと思います。

しかも、代名詞の「ペッパーミル」パフォーマンス。人なつこい笑顔。「日本代表が夢だった」という絆。これらが日本の野球ファンのハートを鷲づかみにしました。さらに準々決勝イタリア戦前の「コレヲカテバ、マイアミデス。ガンバリマショウ！」という声出しも最高でした。

清水雅治《まさじ》・外野守備走塁コーチの発案で、ミドルネームのタッジから取った「たっちゃん」という呼び名もチーム内でヒットしました。いつの間にか、ムードメーカーになっていました。

さまざまな個性を持つ人たちが、お互いを尊重しながら集団を活性化していく「多様性」。ヌートバー選手の存在意義は大きく、今回のWBCを盛り上げた大きな要因の1つだと思います。

WBC決勝では、「もう1つの母国」アメリカのスター軍団を相手に回し、世界一をもぎ取りました。

WBC後は、各テレビ局のスポーツニュースの「日本人メジャーリーガーの活躍」において、ヌートバー選手が含まれるようになりました。ヌートバー選手の日本に残した足跡は大きかったのです。

⑥⓪岡本和真「背負うものが大きいからこその工夫」

岡本和真選手は、アメリカ行きをかけた準々決勝のイタリア戦の3回裏、4対0となる中押《なかお》しの3ランを放ちました。この試合、2安打5打点の大活躍です。そのイタリア戦後のヒーローインタビューで「最高です！」というフレーズを7度続けました。どこまで続くのかな？　と思わせたアナウンサーとの掛け合いで、機転をきかせ（?）、最後までそれで押し通しました。愛すべきキャラですね（笑）。

今回のWBCでは、吉田正尚選手や牧秀悟《まきしゅうご》選手（DeNA）に並ぶ2本塁打。所属する巨人で本塁打王2度、打点王2度を含む「5年連続30本塁打80打点」をマーク。巨人の右打者では初の快挙です。伝統チームにおいて、「毎年優勝」という十字架を背負って打席に入ってきた4番打者の風格を感じました。

打撃練習を見ていても、いろいろなことを考えながらバットを振っているのが分かりました。ミートしたあとの前（フォロースルー）が凄く大きなバット軌道です。前が大きいのでライトスタンドにも入るし、引っ張らせても変化球をバットにのせるのが上手いです。

若いのに、いろいろなものを背負ってきたからこそ工夫し、大舞台で実力を発揮できるのだと思います。しかも27歳の今季から巨人のキャプテンを任されています。

今後、村上選手とともに日本の野球界を牽引していってほしいですね。

第5章

エースたちの「思考法」

㉖「第1先発、第2先発の組み合わせ」は決まっていたのか？

ＷＢＣ終了後、よく訊かれるのが、「先発の順番」は決まっていたのかという質問です。栗山英樹監督、吉井理人投手コーチ、厚澤和幸ブルペン担当コーチ、村田善則《よしのり》バッテリーコーチの間では、綿密な相談で当然決まっていたと思います。

ただ、情報漏れ防止のために、栗山英樹監督が登板日を周囲には知らせませんでした。もちろんブルペンキャッチャーの私も知る由《よし》はありません。しかし、調整がしやすいように本人たちには伝えられていたと思います。

「先発の1日もしくは2日前にブルペンに入る」のがプロ野球の一般的な調整法なので、私もブルペンで投球を受けていて、おおよその察しはつきました。

「第1先発、第2先発の組み合わせ」は、結果的に中国戦が大谷投手と戸郷翔征投手、韓国戦がダルビッシュ投手と今永昇太投手（ＤｅＮＡ）、チェコ戦が佐々木朗希投手と宮城大弥投手、オーストラリア戦が山本由伸投手と高橋奎二《けいじ》投手（ヤクルト）。この組み合わせも決まっていたはずです。

リリーフは「イニング頭から」が大勢投手、「イニング途中から」が宇田川優希投手、湯浅京己投手、伊藤大海《ひろみ》投手（日本ハム）といった具合です。


1次ラウンドの東京ドームのブルペンはダグアウトの裏側に位置し、試合映像を流すモニターがあります。プレーがリアルタイムで分かります。

決勝ラウンドのローンデポ・パークでは、左中間のフェンス向こう側にブルペンが位置していました。3章でも少し話しましたが、ブルペンには、球場を上部から俯瞰して映すモニターがありました。個々の選手は小さく映っている程度ですが、試合状況は十分判断できます。

㊷吉井理人投手コーチ「最高のコーチは、チームを勝たせる」

今回のWBC、どのバッターも優秀でしたが、他国と比べて特にピッチャー陣の優秀さを世界に誇示した大会でした。それを率いたのが吉井理人投手コーチです。

吉井コーチと私はとても接点が多く、縁を感じています。吉井さんがまだ現役時代、1ピッチャーと1バッターとして対戦しています。吉井さんがメジャーから日本球界に復帰したオリックス時代（03年～07年途中）、そしてロッテ時代（07年途中～07年終了）です。

さらに吉井さんの日本ハムコーチ時代、ソフトバンクコーチ時代、そしてまた日本ハムコーチ時代、私は選手として同じユニフォームを着ているのです。

吉井さんはメジャーリーガーとしての実績もあり、さらに投手コーチとしてもダルビッシュ投手、大谷選手、佐々木朗希投手への指導実績もあります。

吉井さんの凄さというのは、「吉井さんにいろいろ話をしたい」という雰囲気を作ってくれるところです。

吉井さんが投手コーチで、僕がキャッチャーのときに、配球に関してよく意見交換をさせていただきました。

「吉井さん、あそこはシュートを1球挟むべきではなかったでしょうか？」

「そういう意見もあるけど、こういう配球もあったんちゃうかぁ」

頭ごなしには絶対言いません。柔らかい関西弁なんです。

古いプロ野球記者からは「吉井投手は近鉄時代、ヤクルト時代は結構、熱くなる性格だったんだよ」と聞きましたが、全然信じられません。

『吉井理人 コーチング論 教えないから若手が育つ』『最高のコーチは、教えない。』といった著書を刊行している吉井さんは、筑波大大学院でコーチング理論を研究しています。私は吉井さんにコーチング理論に関して訊《たず》ねたことがあります。

「選手自身のいろんな持論があるから、それは尊重しないといかんでぇ。本当に分からなかった選手は訊いてくるから。そのときにいろんな方法を教えてあげるのが、選手に一番スッと入っていくから。ここのタイミングだけは分かっておかないとダメなんや」

選手の成長段階を4ステージに分けるそうですが、1チームの投手コーチと「侍ジャパン」の投手コーチでは役割が全然違うと思います。今回は完成された超一流のピッチャーたちを起用して、世界一を獲るという目標。言わば、「最高ステージ」の指導が成就しました。

㊸厚澤和幸ブルペン担当コーチ「適材適所で実力を発揮させる」

厚澤和幸ブルペン担当コーチは「ブルペンのスペシャリスト」と呼ばれる方です。試合で実際に投げるピッチャーというのは、事前に栗山監督と吉井投手コーチと厚澤ブルペン担当コーチが相談して決めるという感じです。

1次ラウンドの4試合は、「この試合の第1先発は誰、第2先発は誰」「リリーフは残り7人のうちの何人かが投げる」というプランが、ほぼ決まっていたと思います。

ただ、ブルペンで投げるリリーフは7人全員ではありません。何パターンかあります。ブルペンのレーンは2つで、同時に投げられるのは2人です。厚澤コーチが状況に応じて、事細かに的確な指示を出してくれました。

「君は今すぐ肩を作っておけ」

「今、先発が何球投げているから、イニング途中の交代なら君、次のイニング先頭から交代だったら君ね」

「右バッターなら君、左バッターなら君ね」

さらに「2回に来てね」「5回に来てね」「7回に来てね」というように3班、4班ぐらいに分かれていました。

1試合につき1次ラウンドは65球、2次ラウンドは80球、準決勝以降は95球という「球数制限」もありましたから。投手運用は大変だったと思います。

同じリリーフのスペシャリストであっても、「肩の作り方」や「アドレナリンの出し方」は千差万別です。イニング途中から投げるのが得意なのか、イニング先頭から投げるのが得意なのかの適材適所で、マウンドに上がるピッチャーの準備をさせていました。

これは、適した部署に人材を配属するという、一般企業の人事部と似た側面があるのではと思います。

㊿戸郷翔征「一番の自信のフォークを、絶対の自信に高める」

#12●戸郷翔征＝00年生まれ（23歳）。宮崎県出身。
聖心ウルスラ学園高→巨人（19年ドラフト6位〜）
現役通算4年＝72試合31勝22敗0セーブ0ホールド、防御率3・21
最多奪三振（22年）

戸郷翔征投手は大谷選手と一緒で、ブルペンでは6割ぐらいの力でしか投げません。いつになったら思いっきり投げるんだろうと思いながら20球から30球。ブルペン投球はそれで終わります。

フォークボールに一番の自信を持っているようです。カウントを稼ぐフォーク、勝負球のフォーク。決勝のアメリカ戦でもトラウト選手から140キロのシュート気味のフォークで三振を奪いました。「一番の自信が、絶対の自信に変わった」瞬間だったに違いありません。

ただ、フォークが有効なのは、同じ軌道から落ちる「いいストレート」があってこそ。戸郷投手には150キロを超す強いストレートがあるのが強みです。

戸郷投手は昨年「最多奪三振」のタイトルを獲得しています。今季、高校出5年目のまだ23歳。すでに巨人のエース格ですから、「現役最強打者」トラウト選手から三振を奪った「世界に通用するフォーク」を自信にして、さらなる発展を期待します。

㊺松井裕樹「チームの最後を締めくくる強い責任感」

#13●松井裕樹＝95年生まれ（28歳）。神奈川県出身。桐光学園高〈甲子園〉→楽天（14年ドラフト1位〜）
現役通算9年＝442試合23勝43敗197セーブ68ホールド、防御率2・48
最多セーブ（19年、22年）

松井裕樹投手は宮崎合宿のとき、NPB球とWBC球の感触の違いに悩んでいました。革の質がしっとりしているNPB球に対し、WBC球はツルツルで滑りやすいと言われます。さらに縫い目の山が高く、重量もやや重い感じです。個人差は生じますが、それに伴い変化球の曲がり具合も違うのです。

ただ松井投手は、ブルペンにほぼ毎日入るぐらい、順応しようとする姿勢が見えました。だから今回のＷＢＣにおいて、私が一番たくさん投球を受けたピッチャーではないでしょうか。いざ本番が始まると状態を上げて、縫い目に指がかかった、いい球を投げていました。小柄ながら上から投げ下ろす角度のあるストレート、クロスファイヤーのストレート、縦のスライダーにパワーを感じました。

ＷＢＣでは多くの登板機会に恵まれませんでしたが、さすがの適応能力と、チーム（楽天）の最後を任されるストッパーとしての責任感の強さを感じました。あの責任感なら、ＮＰＢ史上最年少の「通算２５０セーブ（名球会入り）」も近い将来、達成するでしょう。

㊻佐々木朗希「新球『ダル・スラ』会得、無限の伸びしろ」

#14●佐々木朗希＝01年生まれ（22歳）。岩手県出身。
大船渡高↓ロッテ（20年ドラフト1位～）
現役通算3年＝31試合12勝6敗0セーブ0ホールド、防御率2・10
完全試合（22年）

佐々木朗希投手の160キロのストレートはこちらにまっすぐ向かってくるので何とか捕れます。しかし、変化球は地獄でした（苦笑）。

150キロに迫るフォークボールは、「小さなもの」と「大きなもの」があって怖かったですね。落差の小さなフォークはチェンジアップのようにスッと落ちます。落差の大きなフォークは、凄い速さで落ちます。「これが昨年の完全試合のストレートとフォークなのか」と実感しました。

ストレートとフォークの2つが突出しているので、私の解説者目線としては、少しだけ投じるスライダーがバッターにとっては「チャンスボール」なのではないかとも感じていました。

しかし、WBC宮崎合宿でダルビッシュ投手が教えた、いわゆる「ダル・スラ」。回転数が多くて「速く短く曲がる」ストレートの軌道にのったスライダーを投げ始めたのです。どれだけ凄いピッチャーが教えても、そんなに簡単にマスターできないと思うのですが、WBC期間中、驚くほどの短期間で会得しました。おそらく指先の感覚が敏感なのでしょう。

WBCのチェコ戦とメキシコ戦ではスライダーをあまり投げませんでした。しかし、NPB開幕後の4月14日、山本由伸投手と投げ合った試合では、あの「ダル・スラ」を多く投じました。2章でも触れましたが、中川圭太選手を145キロの「ダル・スラ」で空振り三振。左バッターの森友哉選手にスライダーを投げたあと、フォークで見逃し三振。「ダル・スラ」の効果的な使い方でした。

佐々木投手は「侍ジャパン先発四天王」の1人。ただでさえストレートとフォークが超一流のところにきて、スライダーまで頭に入れなければとなったら、ますます手がつけられないピッチャーになります。

しかも、コントロールはいいし（9イニング平均与四球2・02個）、今後は駆け引きも身につけます。さらに関節は柔らかくまだ成長期にあって、「伸びしろ」を感じます。まさに今後の日本球界を背負うピッチャー。最高球速165キロをどこまで更新するかも楽しみです。

それにしても佐々木投手の162キロのストレートを体に受けたチェコの選手は、痛かったと思います。しかし、大事に至らなかったので安心しました。ロッテのお菓子でお見舞いに行ったのはほほえましかったですね。

㊲大勢「力強く浮き上がるライジングボール」

#15●（**翁田**）**大勢**＝99年生まれ（24歳）。兵庫県出身。西脇工高↓関西国際大↓巨人（22年ドラフト1位〜）
現役通算1年＝57試合1勝3敗37セーブ8ホールド、防御率2・05
新人王（22年）

大勢投手のストレートは、「エグイ」という表現がピッタリです。

準決勝のメキシコ戦の9回を零封《れいふう》し、サヨナラ勝ちを呼び込みました。また、決勝のアメリカ戦は大谷投手、ダルビッシュ投手の前の7回を任され、実質的に「侍ジャパンのストッパー」的存在でした。

チーム最多の4試合登板、防御率0・00。同じく侍ジャパンのストッパーと目されていた栗林良吏《くりばやしりょうじ》投手（広島）が戦線離脱する中、プロ2年目、よくぞ大役をこなしたと思います。

大勢選手の球は、正直な話、ブルペンでも捕るのがやっとでした。サイドスローより少し上から投じる独特のフォームから155キロを超すストレート。シュート回転すると、球威は普通落ちるものですが、大勢投手の球は逆に力強く浮き上がってきました。衝撃的な投球は「ライジング・ファストボール」と呼ぶのにふさわしい。

大勢投手は、巨人ばかりか日本を代表するストッパーになると確信しました。

⑱伊藤大海「恐るべしルーティーン。ピンチほど実力発揮」

#17●伊藤大海＝97年生まれ（26歳）。北海道出身。駒大苫小牧高→駒沢大中退→苫小牧駒沢大→日本ハム（21年ドラフト1位〜）
現役通算２年＝49試合20勝18敗１セーブ１ホールド、防御率２・92

伊藤大海投手は、私が選手兼任コーチ時代にも投球を受けました。東京五輪のとき、韓国チームに指摘されたあともロジンバッグの粉をたくさん指にまぶした「追いロジン」が話題になりました。物おじしない性格はもちろんですが、手汗をかくので常にロジンバッグを持ち歩きます。指を乾燥させた状態で投げたいのでしょう。

伊藤投手はいろいろなルーティーンを持っていて、絶対にマイペースを崩しませんでした。

「大海、肩を作らなくて大丈夫？　そろそろキャッチボールを始めないと……」

あまりのマイペースぶりに、逆に厚澤コーチ、梶原ブルペン捕手、私の３人が冷や冷やドキドキしたほどです（苦笑）。

伊藤投手は日本ハムでは先発３本柱のピッチャーですが、リリーフにも適性があります。しかも「イニング途中」からのような投げづらい場面、大舞台になればなるほど、より大胆に腕を振っていく。度胸満点で、自分の力を発揮できるタイプなのだと思います。スイッチの入れ方が上手いのですね。大谷投手をリリーフしたイタリア戦、4対2の5回二死一、三塁の状況で相手の4番打者を封じ、ピンチを断ちました。

㊾山本由伸「史上最高の実績には、それだけの『準備』あり」

#18●山本由伸＝98年生まれ（25歳）。岡山県出身。
宮崎・都城高→オリックス（17年ドラフト4位〜）
現役通算6年＝１４９試合54勝23敗1セーブ32ホールド、防御率１・95
最多勝（21年、22年）、最多奪三振（20年、21年、22年）、最優秀防御率（19年、21年、22年）、最高勝率（21年、22年）、最多完封（21年、22年）、２年連続沢村賞ほか

「近い将来、絶対とてつもないピッチャーになる」

弱冠20歳の山本由伸投手が中継ぎ投手で32ホールドを挙げた18年、私は日本ハムで何度も対戦。当時から大投手になる雰囲気をかもし出していました。

ＷＢＣでも、キャッチボール時の「１００メートル遠投」は噂に違《たが》わず、凄かった

です。１００メートル離れた位置の山本投手が普通に投げた剛球が、一直線に私のミットに突き刺さりました。対して私は、返球のために20メートルほど助走をつけました。私は現役引退して当時ですでに1年。許されるでしょう（笑）。

オーストラリア戦先発の前々日、「ヤバいな」と思うぐらい、正直言って調子は芳しくありませんでした。ブルペンで投球を受けていても、カーブはスッポ抜けるし、フォークボールも決まらない。とにかくストライクが全然入らなかったのです。ただ、球への指のかかり、変化球の動きを綿密にチェックするため、１球１球様子を私に訊いてきました。

先発当日、4回を1安打8奪三振。オーストラリア打線に手も足も出させず、沈黙させました。心配だったカーブもフォークも低めにピタリと決めました。

「本番に強い」という表現は、プロ野球史上初の「2年連続5冠王」、「2年連続沢村賞」投手に失礼かもしれません。ピッチャーの「5冠王」（最多勝、最多奪三振、最優秀防御率、最高勝率、最多完封）はバッターの「3冠王」に相当します。それを2年連続です。

実際に6種類の球種を受けてみました。パワー勝負ができる強いストレートとフォークで「高低」、カットボールやスライダーと内角ツーシームで「左右」、カーブを織り交ぜて「緩急」。どの球も勝負球、カウント球に使えるということを実感しました。

それだけ凄いピッチャーなのに、おごり高ぶるところはなく、いつもニコニコして柔らかな物腰。すっかりファンになってしまいました。

⑳栗林良吏「クリの無念の思いを、ナインは『心の戦力』にした」

#20●栗林良吏＝96年生まれ（27歳）。愛知県出身。愛知黎明高→名城大→トヨタ自動車→広島（21年ドラフト1位～）現役通算2年＝101試合0勝3敗68セーブ6ホールド、防御率1・16新人王（21年）

栗林良吏投手の「投球」は1球も受けていません。1度だけキャッチボールをしました。「腰の張り」があって、戦線離脱を余儀なくされたのです。

クリこと栗林投手は、2月17日の宮崎合宿から一緒にやってきた同志です。真面目で、穏やかな性格で、あんな好青年はいません。オーストラリア戦後の3月13日、「みんなで写真を撮ろう」というダルビッシュ投手の提案で、栗林投手を囲んで記念撮影をしました。

栗林投手は東京五輪の「胴上げ投手」でした。WBCでも大役を務めたかったでしょうから、離脱は、彼が一番悔しかったと思います。投げたかったでしょう。無念だったでしょう。でも、その思いを抑えて気丈《きじょう》に振る舞って……。

「皆さんに迷惑をかけてしまいました。戦力になりたかったです。皆さんが世界一になったとき、自分も自宅でシャンパンファイトしますので頑張ってください！」

私はその言葉を聞いて泣きそうになりました。

栗林投手の思いは「侍ジャパン」のナインみんなに伝わりました。世界一の瞬間のダイヤモンドにも、「背番号20」のユニフォームがありました。栗林投手はまぎれもなく世界一の一員です。

⑺今永昇太「メンタルのコントロールも抜群」

#21●今永昇太＝93年生まれ（30歳）。福岡県出身。北筑高→駒沢大→横浜ＤｅＮＡ（16年ドラフト1位〜）
現役通算7年＝１４３試合57勝46敗0セーブ4ホールド、防御率３・24
ノーヒットノーラン（22年）

私が個人的に一番印象深かったのが今永昇太投手です。全体的に若い投手陣において、今永投手は30歳を迎えるシーズン。年齢的には37歳を迎えるダルビッシュ投手に次ぐ2番目。兄貴分的な存在でした。

今永投手は「コントロールのよさ」が傑出《けっしゅつ》していました。１５０キロ超のストレート、シュート、スライダー、チェンジアップ、カーブ。私の構えたミットは微動だにしませんでした。ブルペンで、ポーカーフェイスで淡々と何球も投げ続ける姿が今も記憶に残っています。

「絶妙なコントロールの技術を誇る」ということは、言い換えれば「心のコントロールができる」ということにほかなりません。

今回のＷＢＣ前、かなり手強いと思われていた韓国戦の「第2先発」で3回1失点、重圧のかかる決勝のアメリカ戦の「第1先発」で2回1失点。失点はいずれもソロ本塁打だけに抑える好投。「投げる哲学者」の異名の面目躍如たる投球でした。

㉗湯浅京己「侍ジャパンの新守護神候補」

#22●**湯浅京己**＝99年生まれ（24歳）。三重県出身。
福島・聖光学院高→独立リーグ・富山→阪神（19年ドラフト6位～）
現役通算4年＝62試合2勝3敗0セーブ43ホールド、防御率1・92
最優秀中継ぎ（22年）

湯浅京己投手は独立リーグを経てドラフト6位入団。昨年が実質1年目で「最優秀中継ぎ」のタイトル獲得。岡田彰布《あきのぶ》新監督が就任早々「ストッパーにする」と高い評価をしていたので、どんな球を投げるのか気になっていました。

私が受けてみて、高いリリースポイントからのストレートとフォークボールは、名ストッパーだったデニス・サファテ（ソフトバンク＝通算234セーブ）をほうふつとさせたほどです。昨年のタイトル獲得、「侍ジャパン」入りも改めて納得しました。

準決勝のメキシコ戦、山本由伸投手を受け継いで痛恨のタイムリーを浴びました。

翌日、本人は「緊張しすぎて、あまり記憶がないです」と語っていました。記憶がなくなるほど国際大会のマウンドは極限の状態なんだと、私は改めて認識した次第です。

それでも決勝のアメリカ戦の9回表1点差、もしもに備えてスタンバイしていたのは湯浅投手。投げている球や能力を考えたら、今後「侍ジャパン」の守護神を任されるのは、湯浅投手と大勢投手だと私は思っています。

⑬宇田川優希「いつでもどこでも。ブルペンのMVPだった」

#26●宇田川優希＝98年生まれ（25歳）。埼玉県出身。
八潮南高→仙台大→オリックス（21年育成ドラフト3位〜）
現役通算2年＝19試合2勝1敗0セーブ3ホールド、防御率0・81

宇田川優希投手は、2章でも触れましたが、22年7月に支配下選手に登録されたと思いきや、日本シリーズで大活躍。「侍ジャパン」のピッチャー15人に選出されました。この「シンデレラ・ボーイ」ぶりに、本人も戸惑っていたらしいですね。

しかも生来、人見知りの性格らしく、投手陣に溶け込めなかったと聞きます。ダルビッシュ投手が「宇田川会」と銘打った懇親会。本人は「嬉し恥ずかし」だったかもしれませんが、それを機に投手陣が打ちとけたのはチームにとってよかったと思います。

私は今回のＷＢＣにおいて、個人的に「ブルペンのＭＶＰ」は、宇田川投手だと思っています。

ＷＢＣのピッチャーの役割は「第1先発」「第2先発」「イニング途中からのリリーフ」「イニング頭からのリリーフ」「ストッパー」に大別されていました。

宇多川投手が一番たくさんバックアップをし、試合序盤から試合終盤まで、何度も肩を作ってくれたのです。バックアップというのは、そのあとをカバーするということです。

「このイニングのバックアップね」

「このピッチャーのバックアップね」

つまり、「イニング途中からのリリーフ」あり「次のイニング頭からのリリーフ」

あり——「いつでもどこでもいける」。バッテリーコーチやチームからしたら、これ以上ない貴重な存在だと思うのです。

リリーフ投手は、体を作るのはもちろんですが、気持ちを作るのがもの凄く大変です。イニング途中から登板して、いきなり初球から100パーセントの球を投げられるか。そこが一番難しいところです。「じゃあ、いくよ」となったとき、宇田川投手は、ガッと2、3球凄い球を投げてマウンドにいきます。スイッチの入れ方、アドレナリンの出し方が上手いんです。球種的には、184センチ92キロの恵まれた体から剛球系のストレートと大きなフォークボールを投じます。

決勝のアメリカ戦で「侍ジャパン」は7人の投手が登板しました。宇田川投手はそのたびにバックアップをしたのです。だから、ほとんど「完投」状態でした。世界一後の記者会見で厚澤和幸ブルペン担当コーチが「最後、宇田川に投げさせたかった」と言ったのは、感謝の気持ちからなのでしょう。

厚澤コーチがオリックス在籍ということもあって、宇田川投手のことをよく分かっていました。誰にもできることではない難しい役割を、宇田川投手なら担えると、「侍ジャパン」入りに推薦したのかもしれません。

結果的に「宇田川投手に始まって、宇田川投手に終わった」。そういう意味で今回のＷＢＣは懇親会だけではなく、ブルペンも「宇田川会」でした（笑）。

⑭髙橋宏斗「メジャーに隠したかったポテンシャル」

＃28●髙橋宏斗＝02年生まれ（21歳）。愛知県出身。
中京大中京高〈甲子園〉→中日（21年ドラフト1位〜）
現役通算２年＝19試合６勝７敗０セーブ０ホールド、防御率２・47

私はパ・リーグで生きてきたこともあって、髙橋宏斗投手のことを噂でしか知りませんでした。高校出3年目のチーム最年少。実際、投球を受けてみると、さすが「侍ジャパン」に選ばれるポテンシャルの持ち主であることを実感しました。

１８６センチ86キロの恵まれた体。コンパクトに振り抜いた腕から、１５６キロの強いストレート、コントロールされたフォークボール。決勝のスター軍団のアメリカ戦、3対1の5回表に登板。「1回無失点に抑えたこと」「トラウト選手からフォークで空振り三振を奪ったこと」。そうとうな自信になったでしょう。

今後、どこまで伸びることか。先発はもちろん、1イニングをフルパワーで20球投げるストッパーとしても無限の可能性を秘めている。次回26年第6回WBCに向けて、髙橋宏斗投手の存在が世界にバレてしまいましたね(笑)。

キャッチボールに使うボールは私たちスタッフが運ぶのですが、「僕が運びます」「いや、投げることに専念しなさい」といったやりとりも記憶に残っています。配慮もできる選手でした。

⑺宮城大弥「彼を知り、己を知れば、百戦殆《あや》うからず」

#29●宮城大弥=01年生まれ(22歳)。沖縄県出身。興南高〈甲子園〉→オリックス(20年ドラフト1位〜)
現役通算3年=50試合25勝13敗0セーブ0ホールド、防御率2・89
新人王(21年)

宮城大弥投手（オリックス）は、同い年で仲良しの佐々木朗希投手の球を「めっちゃ怖いです」と言いながらキャッチボールをしていました。ダルビッシュ投手や大谷選手からも「弟キャラ」で可愛がられていたようです。

１７１センチの小柄な左腕から、１５０キロのストレート、１３５キロのフォーク、１２５キロのスライダー、１２３キロのチェンジアップ、98キロのカーブ。多彩な変化球をコントロールよく扱えるのは「自分の体をうまく使い、再現性が高い」ということです。チェコ戦の「第2先発」では、緩急に相手バッターが驚いていました。

また、投手板の一塁側を踏んでクロスステップして、右バッターの内角ヒザ元にクロスファイヤーで投げ込む。どうすれば自分の投球を効果的に使えるか考えています。

中国の孫子の「謀攻編《ぼうこうへん》」に「彼を知り、己を知れば、百戦殆うからず」という格言があります。戦いの際には、敵情を知ることと客観的に自分を知ることを説いています。宮城投手は若くして、まさにこれを実践していると感心したものです。

⑯高橋奎二「大胆かつ細心に丁寧に」

#47●高橋奎二＝97年生まれ（26歳）。京都府出身。平安高〈甲子園〉↓ヤクルト（16年ドラフト3位～）
現役通算7年＝64試合18勝13敗0セーブ0ホールド、防御率3・77

宮城投手が技巧派左腕なら、高橋奎二投手は本格派左腕です。イケメンでセンバツ甲子園優勝投手、ダイナミックな投球フォームには華があります。21年日本シリーズ対オリックス第2戦完封勝利のイメージが強くありました。

22年11月「侍ジャパンシリーズ」のオーストラリア戦、ブルペンでストレートを初めて受けたとき、「うわ、怖っ！」と思いました。あくまで私の感覚ですが、オーバースロー気味なのに、球の出どころが低い。そこから最後、上に突き上げてくるような衝撃。球質はおそらく回転数が多く、ホップ成分が高いのでしょう。

スマートな体形ですが、どこからあんなストレートが放たれるのだろうと考えてみると、しなやかに体を使って、球離れが遅いからではないでしょうか。いつまでも指先に球がくっ付いている感じです。リリースの最後の丁寧さを感じました。

他の球種は縦のスライダー、カーブ、チェンジアップです。やはり勢いある大胆な投球フォームに見えますが、その実、とても丁寧に投げていました。

⑰山﨑《やまざき》颯《そう》一郎《いちろう》「出番がなかろうと、抜かりない準備」

#63●山﨑颯一郎＝98年生まれ（25歳）＝石川県出身。福井・敦賀気比高〈甲子園〉→オリックス（17年ドラフト６位〜）現役通算６年＝24試合２勝４敗１セーブ６ホールド、防御率３・36

山﨑颯一郎投手は、栗林良吏投手に代わるバックアップメンバーとして途中招集されたものの、実際の登板はありませんでした。しかし、昨年11月６日のＷＢＣ強化試合の巨人戦に招集されて登板し、セーブを挙げています。

３月中旬になって、ＷＢＣ公式球を握ってブルペンで違和感なく投球できたのは、もしものときに備えた「抜かりない準備と意識」があったからにほかありません。

１９０センチ92キロと、ダルビッシュ投手や大谷選手と遜色ない立派な体の持ち主です。投球フォームは２人と違って、コンパクトというよりも、腕を大きく使います。

ストライクゾーンに160キロのストレートとナックルカーブをほうります。

それにしてもオリックスは、山本由伸投手、宮城大弥投手という左右の先発ピッチャー、さらに宇田川優希投手、山﨑投手のリリーフ投手。世界一の投手陣の誉れ高かった「侍ジャパン」16人中、4人が名を連ねました。リーグを2連覇したチームの、投手陣の層の厚さを改めて感じたものです。

第6章

キャッチャー3人の「受け止める力」

78 日本代表キャッチャーの仕事は「捕る、止める、投げる」

キャッチャーの一番の仕事は「(投球を) 捕って、(ワンバウンドを) 止めて、(二塁に) 投げる」ことだと思います。バッターを打ち取るために球種やコースを組み合わせる「配球」はその次です。

今回のWBCの甲斐拓也捕手、中村悠平捕手（ヤクルト）、大城卓三捕手は、「捕る、止める、投げる」ことは超一流です。そうでないと、「侍ジャパン」のメンバーには絶対呼ばれません。

それプラス、大城捕手には長打力があるし、中村捕手はしぶとい打撃ができるし、甲斐捕手は小技が上手いです。しかも、甲斐捕手は東京五輪の金メダル捕手です。

過去の代表キャッチャーからも分かるように、里崎智也《さとざきともや》捕手（ロッテ＝06年WBC優勝）、城島健司《じょうじまけんじ》捕手（当時マリナーズ＝09年WBC優勝）、阿部慎之介捕手（巨人＝13年WBCベスト4）もそうですし、古田敦也捕手（ヤクルト）、谷繁元信捕手（中日）

など日本代表に呼ばれるような超一流キャッチャーというのは、「捕る、止める、投げる」能力がプロフェッショナルの人たち。プラス「打てる」キャッチャーなのです。本来の在籍チームなら、野手の守備位置の微調整を指示するインサイドワークなどもあります。ただ、この日本代表チームではふだん知らないピッチャーの投球を受けるわけです。だから、「チームとしての配球」を考えていくことになります。

かつてのWBCはスコアラーが相手チームのストロングポイントやウィークポイントを探し出したと聞きます。しかし今回のWBCは、データ解析系のアナリストが多かったのです。

アナリストと村田善則バッテリーコーチが相手チームを分析し戦略を立て、3人の捕手たちに情報をおろしていったのでしょう。

そのプランは「侍ジャパン」としてのものであり、個人としての甲斐拓也捕手の色、中村悠平捕手の色、大城卓三捕手の色ではないわけです。各試合前には、そんな配球のミーティングを入念にしたのだと思います。

⑲バッテリーの「組み合わせ」はどうやって決めたのか？

第1戦の中国戦は大谷翔平投手のあとに戸郷投手、湯浅投手というフォークボールが武器のピッチャーが続きました。だから、ソフトバンクで千賀滉大投手の「(落差の大きな) お化けフォーク」を受けていた甲斐捕手がスタメン。

第2戦の韓国戦はダルビッシュ投手の次の「第2先発」が今永昇太投手なので、セ・リーグ在籍で球筋が分かっている中村捕手がスタメン。

同じく第3戦のチェコ戦は、佐々木朗希投手や宮城大弥投手のパ・リーグ投手が投げるので甲斐捕手がスタメン。

「そのような理由でバッテリーを組んでいたのですか？」

プロ野球記者にそんな質問を受けましたが、私個人の意見からすれば、そのような法則性はなかったと思います。起用法に関しては「侍ジャパン」首脳陣が決めることですし、誰がスタメンでも遜色ない3人でした。

決勝アメリカ戦の9回に大谷選手がリリーフ。中村捕手は試合後に言いました。「ブルペンでも1度も投球を受けたことがなかったので、マウンド上でまずサインの打ち合わせをしっかりしました。それから大谷選手が『追い込むまでは甘めでいいので、どっしり構えてください』と言ってくれたので、それを聞いて僕は座っていました」

甲斐捕手、中村捕手と交互に続いて、最後だけ中村捕手が2試合連続でスタメンマスクをかぶりました。それまでの流れとか、いろいろな思惑が首脳陣にあったのだと思います。

⑳「1球」捕れば、「球筋」がつかめる

宮崎キャンプの最初から合流していたピッチャーの投球は、キャッチャー3人全員が受けられました。大谷選手に関しては3月の合流でしたし、おそらく第1戦の中国戦の先発バッテリーは大谷選手と甲斐選手に決まっていたと思うのです。

甲斐捕手が（大谷選手の投球を）優先してブルペンに受けにきていましたから。そ

れでタイミングが合わず、中村捕手が大谷選手の投球を受ける機会がなかったのだと思います。

キャッチャーにとって一番怖いことは、受けるピッチャーの「球筋」を知らないことです。同じ「ストレート」であっても、浮き上がってくるようなストレートを投げるピッチャーもいれば、シュート回転するストレートを投げるピッチャーもいます。

また同じ「フォークボール」であっても、落差が大きくきれいな回転で落ちてくるフォークもあれば、落差が小さく揺れながら落ちるフォークもあります。ましてやどういう軌道のときにワンバウンドするのか、それをどういうタイミングで止めにいけばいいのか。

その球筋を把握していないと、三塁に走者がいたらパスボールの危険性もあります。それは数多くバッテリーを組んで、数多くの投球を受けて体得するものなのです。

大谷選手の球筋についての中村捕手の情報は、マウンドに上がった準備投球の5球。

「侍ジャパン」クラスのキャッチャーになれば、1球受ければだいたい大丈夫です。特に走者がいないときに10球ぐらい受けたら、タイミングも合って完全に球筋もつかめます。

大谷選手が決勝戦の9回にリリーフしたときは、本塁ベース1個分（43・2センチ）ほど大きく曲がるスライダーの「スイーパー」を含めて、この回先頭のマクニール選手に7球を投げています。3番トラウト選手には164キロのストレート、初球と最後の空振りの6球目にスイーパーを投じました。

MVP3度、「現役最強打者」の呼び声高いトラウト選手は、のちのインタビューで語っていました。

「翔平はいろんな球を持っている。とにかくボールをバットの芯に当てることだけ考えた。スプリットも頭の片隅にあった。フルカウントからのスライダー（スイーパー）は鋭かった」

㉛甲斐拓也「甲斐キャノンを支える傑出した足さばき」

#10●甲斐拓也＝92年生まれ（30歳）。大分県出身。
楊志館高→ソフトバンク（11年育成ドラフト６位〜）
現役通算12年＝７６５試合４２５安打、打率・２２１、47本塁打、２０３打点
ベストナイン3、ゴールデングラブ賞6

私がソフトバンクにＦＡ移籍したのは14年。11年育成ドラフト６位入団の甲斐拓也捕手が１軍に昇格してきたのはその14年、22歳のシーズンでした。ソフトバンクの布《し》く「３軍制」でしっかりとフィジカルを作り、熾烈な生存競争に競り勝ってきたのです。

２月の春季キャンプで初めて顔を合わせました。第一印象は「小っちゃいなぁ」。私も１７６センチでプロ野球選手としては小柄な部類ですが、甲斐選手は１７０センチですから一般の人と比べても小さいぐらいです。

しかし、一緒に練習してみると、肩の強さは衝撃的でした。そして「甲斐キャノン」の異名通り、強肩ばかりがフィーチャーされますが、甲斐捕手の最大の武器は「フッ

トワーク」のよさです。

遠投115メートルはプロのキャッチャーとしては普通ですが、何しろ捕ってからが速い。その二塁送球を支える「足さばき」の傑出した速さに、キャッチャーとしてのレベルの高さを感じたのです。

もう1つ。育成同期である千賀滉大投手の「お化けフォーク」のワンバウンドを止めます。その「ブロッキング」が素晴らしい。

ワンバウンドを止める技術というのは、生来のセンスも大きく関係します。プロテクターのいい箇所にワンバウンドを当てないと、弾かれた球がとんでもない方向に転がってしまいますから。ワンバウンドした投球の正面に回り込むブロッキングを支えているのが、やはり「フットワーク」なんですね。

甲斐選手の「フットワーク」に支えられた「スローイング」「ブロッキング」を初めて見たとき、私は思いました。

「こんないいキャッチャーがいるのに、なぜオレをFAで獲ったんだろう？　コイツに1度抜かれたら、そのままオレは試合に出られなくなるな」

ロッカーが隣同士だったので、甲斐捕手に言ったものです。

「タクヤ、お前、絶対球界を代表するキャッチャーになれるぞ。オレもまだ負けないと思うけど、お互い切磋琢磨して頑張ろうぜ！」


ソフトバンクは14年と15年に日本一になったあと、16年に私は103試合に出場、甲斐捕手は13試合出場。翌17年に私は29試合出場、台頭した甲斐捕手が103試合に出場して日本一。立場は逆転しました。

18年、私は再FAで日本ハムに復帰して101試合出場。甲斐捕手は133試合に出場してリーグ優勝、日本シリーズで「6連続盗塁刺殺」の新記録でMVPを受賞しました。

今もことあるごとに私に挨拶に来てくれます。「キャッチャー論」「配球論」「スローイング論」など、フランクに話せる親しい仲です。

㉜大城卓三「捕る、止める、投げる、打つ研究心」

#24●大城卓三＝93年生まれ（30歳）。沖縄県出身。
神奈川・東海大相模高〈甲子園〉→東海大→NTT西日本→巨人（18年ドラフト3位〜）
現役通算5年＝525試合373安打、打率・258、43本塁打、168打点
ベストナイン1

巨人においては「打撃の大城卓三、守備の小林誠司《せいじ》」というくくりです。しかし、大城捕手に対する周囲の評価は意外と低い。私は年俸2億円もらってもいいぐらいの好捕手だと思っています。

（編集部注／オリックス・森友哉捕手＝推定年俸4億5000万円、ソフトバンク・甲斐拓也捕手＝推定年俸2億1000万円、ヤクルト・中村悠平捕手＝推定年俸1億7000万円、大城捕手＝推定年俸8000万円）

187センチと体が大きいこともあり、投手に安心感を与える構えが印象的です。フレーミング技術も高く、投手のためにという気持ちが伝わってきます。

ワンバウンドもしっかり止められますし、肩が強くてスローイングもいい。先述の「捕る、止める、投げる」ですね。大らかな性格で、ピッチャーを包み込むような雰囲気がある「キャッチャーらしいキャッチャー」だと感じます。キャッチャー技術への研究心、探究心も貪欲です。

長打力が持ち味の「打撃系キャッチャー」のイメージがありますが、私は正直、大城捕手を見る目がこのWBC期間中で変わりました。

巨人では球史を代表するキャッチャーであった阿部慎之介捕手と比較対照されてしまいますが、まだ30歳。もともと東海大相模高、東海大、NTT西日本と、名門チームの「司令塔」だった選手です。今後、攻守において、さらなる飛躍を期待できるキャッチャーです。

⑧③中村悠平「失敗を成功に転じさせる熟考」

#27●中村悠平＝90年生まれ（33歳）。福井県出身。
福井商高〈甲子園〉→ヤクルト（09年ドラフト3位～）
現役通算14年＝1151試合835安打、打率・245、36本塁打、314打点
ベストナイン3、ゴールデングラブ賞3

09年、中村悠平捕手のプロ入り時は印象的でした。高校出1年目で「代走のスペシャリスト」鈴木尚広《たかひろ》選手（巨人）の二塁盗塁を刺したのです。リードを含めた守備面が早く伸びると思いきや、しぶとい打撃面が目を引くキャッチャーだったようです。いずれにせよ、順風満帆な成長を予想していたのですが、17年・19年・20年とチームは最下位に沈み、正捕手としてリードにだいぶ悩んでいたようです。特に17年は1シーズンで96敗も喫しました。

キャッチャーは負けると、どうすれば勝てるのだろうといろいろ考えます。そもそも野球は「失敗のスポーツ」。ただ、失敗をそのままにしてはいけない。失敗をどうすれば成功に転じられるか、考えることに意義があります。そういう苦しんだ経験を

重ね、リードの視野が広くなると思います。
ＯＢの古田敦也氏からも「お前がその気になれ！」とアドバイスを受けたことで、一念発起《ほっき》した話も聞いています。

今回のＷＢＣ期間中、約１か月間、一緒に過ごす機会がありました。今季33歳。人間的にも落ち着いていましたね。語り口調も性格も、安心感を与えてくれます。周囲を安心させることは、キャッチャーとしての大事な要素なのです。
そういえば、中村捕手は身長１７６センチ体重83キロ。私とサイズがまったく同じ（笑）。そんなところからも親近感が湧いてきました。

よくキャッチャーは「縁の下の力持ち」と表現されます。キャッチャーが目立つのは、パスボールやワンバウンドを弾いたときなど、ミスをした場面だけです。キャッチャーのリードで好投を引き出して、ピッチャーがずっと目立っているほうがいいのです。

中村捕手は決勝のアメリカ戦のとき、計7投手をリードしました。慌てることなく淡々と投球を受け、各投手の好投を光らせました。

㉞「鶴岡流」配球論

私の本職は言うまでもなくキャッチャーです。最後に僭越ながら「鶴岡流」配球論を述べさせていただきます。私は特に「ストレートを重視」します。

全投球数の8割ストレートを投げさせるという意味ではありません。全投球数の7割変化球を投げるピッチャーであっても、残り3割のストレートを重視するという意味です。ストレートを意識させることによって、変化球がより活きてくるのです。

ストレートを効果的に使うにはどうすればいいか？　打者1巡目は、ピッチャーの投球に勢いがあるので、ストレートを待たれていても敢《あ》えてストレートを投げさせる。ヒットを打たれても仕方ないと割り切ります。

なぜなら最初から変化球を多く投げていて、いざストレートで押したい大事な場面で、ピッチャーに余力がなくなっていると、ストレートがちょうどいい球速になって痛打を浴びます。だからストレートに勢いがあるうちに、バッターにストレートを意識させておくのです。それは内角ボール球でも構いません。（レギュラーで何打席も立つようなバッターには特に）ストレートをどこかのタイミングで投げておかなくてはいけません。

さて、「投球をストレートだと思ってどんどん振ってくるバッター」のことを、プロ野球選手用語で「槍《やり》」と呼びます。

変化球を1、2、3のタイミングで打つところを、ストレートを打つ1のタイミングでスイングしてくる。ストレートしか頭にない。例えば、球2、3個分本塁ベース手前で落ちるフォークに手を出してしまうバッター。例えば、外角に大きく外れる大ボールのスライダーを振ってしまう右バッター。

でも、ストレートだけは絶対逃がさない「槍」のバッターには、ボール球のストレートをどこかのタイミングで投げておけば、また変化球を空振りしてくれます。

「このバッターは今の初球ストレートに振り遅れていたから、変化球を待っているな。もう1球ストレートが甘くいっても、ファウルか空振りか見逃しだ」などと読むこともできます。

逆に、ストレートを待っているから、変化球に腰砕けの空振りをする。でも、もう1球変化球を続けてもバッターはさすがに振らないでしょう。ならば、ボール球のストレートを挟んでカウントを1ボール1ストライクにしたあと、またボール球の変化球を投げると振ってくれる。

私はこのように「ストレートを使うタイミングを見計らってリードをする」キャッチャーでした。変化球主体のリードをするキャッチャーもいますが、やはり打者2巡目、3巡目になるとつかまりやすいですね。

おわりに

㊺「空気になる」ブルペンキャッチャーの一流

ＷＢＣにおいて「ブルペンキャッチャー」という仕事を初めて務めました。

ブルペンキャッチャーを引き受けるにあたり、不安だったのは現役を引退して1年が経っていたことです。具体的には当然ながら「捕ること」と「投げること」。

まず、「捕ること」に関しては、150キロのスピードボールに目がついていきません。日常生活において、そんなスピードで動くものを見ることはなかなかありませんから。

昨シーズン終了後、11月の侍ジャパン強化試合で上沢《うわさわ》直之投手と加藤貴之投手（いずれも日本ハム）の登板が決まっていました。日本ハム関係者に無理を言って、札幌の合宿所の練習施設で投球を受けさせてもらいました。

「捕ること」以上にきつかったのが「投げること」です。1度休めてしまった肩は、再び投げる状態まで作り上げるのに約1か月はかかります。

ピッチャー同士のキャッチボールを避ける人もいるので、そんなときはブルペンキャッチャーがペアを組みます。例えば、山本由伸投手や戸郷翔征投手のように、遠投で80メートル前後を投じて調整するピッチャーに付き合わなくてはいけないのです。

今春の2月1日から「GAORA SPORTS」さんにおける日本ハムのキャンプ中継の解説の仕事が毎日10時〜16時までありました。

私は朝5時に起床。日本ハムが使用する名護の室内練習場で遠投の練習をして、徐々に自分の肩を作り上げていきました。

侍ジャパンの宮崎キャンプが始まる2月17日まで、日本ハム投手陣の投球練習のたびに1時間だけ解説の仕事を中抜け。急いでユニフォームに着替え、ピッチャーの投球を受けさせてもらいました。

「実際に投球を受けてのコメントが面白くなるからぜひやってください」（GAORA SPORTS）

「投球を受けて、若い投手にアドバイスをしてやってほしいです」（日本ハム・新庄剛志監督）

おかげで目慣らし、肩作りができました。双方のご協力には感謝するばかりです。

侍ジャパンには、梶原有司君や長田勝《ながたまさる》君（広島）のような、ブルペンキャッチャーのプロ中のプロがいて、「ブルペン捕手とは何たるか」を教わりました。

「あまり前に出ないこと」――空気のように、ふだんは存在に気づかないけれど、なくてはならない存在。ピッチャーがキャッチボール相手を探していたら、すぐに「相手はここにいるよ」と声をかけられるような目配り気配りが大切です。

「いい音を出して投球を捕る」「ピッチャーに気持ちよく投げさせる」のは最低限の仕事です。ピッチャーは「球筋はどうですか」「ちょっとシュートしましたか」「落ち具合はどうでしたか」と訊いてきます。その質問に対しては、自分が思ったことをしっかり言います。

しかし、ピッチャーは基本的にただ気持ちよく投げたいだけなので、いろんなことを言わないように注意します。特に私の場合、現役も長かったし、選手兼任コーチもやっていたので、どうしてもアドバイス目線でピッチャーに接してしまいそうでした。ただ、超一流の投手たちは、「自分の感覚」を凄く持っています。

だから、ピッチャーが投げる感覚だけに神経を研《と》ぎ澄《す》ませられるように「何事もなかったかのように捕って、何事もなかったかのように返球する」ことに徹しました。ブルペンキャッチャーが別名で「壁」と呼ばれるゆえんです。つまり、そこに余分な感情を挟まないのが「ブルペンキャッチャーの一流」なのだと、今回初めての経験で感じた次第です。

㉞イップスになるほどの重圧、野球人としての「うらやましさ」

ブルペンキャッチャーにはもう1つ大事な仕事がありました。「バッティングピッチャー」です。球筋が素直な人が多く、バッティングピッチャーに向いているのでしょう。

ＷＢＣ宮崎合宿、名古屋遠征まではチームのバッティングピッチャーが帯同しました。しかし、大阪遠征からはその人たちのパスが出ないので帯同できなかったのです。その代わりをブルペンキャッチャーが務めたわけですが、あろうことか私は「イップス」になって、うまく投げられなくなってしまいました。

「ボールの重さ自体を感じない……。ヤバい。これがイップスか」

イップスとは緊張などによる心理的症状で筋肉が硬直し、思い通りのパフォーマンスができなくなることです。

宮崎合宿中、私は気心の知れた近藤健介選手にさえ、背中側に3球連続で投げてしまいました。

昔から「バッピ」は得意ではなかったけれど、プロで19年も現役でやってきたのにイップスか……。

「侍ジャパンのバッターにいい感じで打ってもらわなくてはいけない」

「変なところに投げてバッターの調子を崩してはならない」

そんなプレッシャーが、知らぬ間に私の双肩《そうけん》にのしかかっていたのです。

「オレ、ここに何しに来たんだ……」

忸怩《じくじ》たる思いでした。清水雅治・外野守備走塁コーチ、城石憲之・内野守備走塁兼作戦コーチ、吉村禎章・打撃コーチらに頭を下げました。皆さんは「全然気にしなくていいからな」と言うばかりでなく、私の代わりにバッピを務めてくれたのです。もう感謝、感謝です。

それにしてもブルペンキャッチャーが務める打撃練習のバッピでさえイップスになるのです。のちの準決勝メキシコ戦。3ランを打たれて佐々木朗希投手が感じた責任感。リリーフした湯浅京己投手の「緊張しすぎて記憶がない」という言葉。絶対失敗できない送りバントを命じられ、顔面蒼白になった牧原大成選手の重圧。極限の精神状態は察するに余りあります。一方で、そんな大舞台に日の丸を背負ってプレーできた選手を、同じ野球人としてうらやましくも思いました。

さて、ピッチャーがブルペンで肩を作るのに要する球数はふつう約20~30球。多いピッチャーで40球台。中継ぎ専門で毎日でも登板するピッチャーなら、マウンドでの準備投球の5球を考慮に入れて、ブルペンでは10球ぐらいに抑えてマウンドに向かいます。

決勝のアメリカ戦でダルビッシュ投手や大谷選手が具体的に何球投げたかまでは覚えていないですが、40球や50球も投げていません。

7回表、大谷選手は2球だけ投げて、7回裏の自分の打席に向かいました。しかし8回表にダルビッシュ投手が登板しているとき、ブルペンに戻ってきた大谷選手は、まるで実際のマウンドで投げているかのように、1球1球声を上げて球を投じました。

――「これは大谷選手にとっても、違う次元の試合なんだな」

その大谷選手がトラウト選手を抑えてゲームセット。世界一の瞬間は私の「本拠地」のブルペンで迎えました。

ブルペンに残っていたピッチャーを全員送り出したあと、マウンドまで約100メートル。短距離走のように私は全速力で駆けて行きました。前日の準決勝のサヨナラ勝ちに続き2日連続。1年間、現役を離れていたわりには速かったと思います（笑）。

WBC世界一の歓喜。

最高の仲間たちと、少しでも早く分かち合いたかったのです。

延長戦

巻末コラム

⑧⑦鶴岡流「一流」への思い

どんなプロ野球選手でも、どんなアスリートでも、どういう立場の人であっても、本番までの「準備にどれだけ時間をかけられたか」の差が、一流とそうでない人との差だと私は思います。キャッチャーの私なら座って構え、球審の「プレイボール！」がコールされ、1球目のサインを出すまでです。

プロ野球選手なら具体的に「練習をする」「データをまとめる」「栄養を摂取する」。大谷選手は「自分のためのリカバリーは睡眠だ」と言っていました。

私はプロ野球選手として特に「老いることへの準備」に時間をかけました。例えば、25歳から栄養学を学びました。口にするものは、美味しいマズいの問題ではなくて、どんな栄養を摂取すべきか。さらに、腰痛持ちだったので腰のパフォーマンスが落ちないよう、体幹トレーニングに常に力を注ぎました。目の衰え対策として、ビジョントレーニングを早めに始めました。

それらの「準備」が、重労働と言われるキャッチャーのポジションを守りながら、現役19年間、40歳までプレーを続けられた要因だと思います。

⑱アメリカにおける「ベースボールの立ち位置」

準決勝の相手が当初の組み合わせのアメリカからメキシコに変更された件に関して、WBC終了後、栗山監督もさすがに苦言を呈しました。

「ピッチャー（陣）のつくり（起用順）も実は、そういう（アメリカとの対戦は準決勝の）イメージでいっていたのが、アメリカは決勝戦なのか……、と。まあ、結果的にはよかったですけど……。いくらメジャー主体でも、それは違うだろうと思います」

さらに、決勝戦はセレモニーを盛大にするという趣旨で、19時試合開始予定だったのが25分遅れたのです。「アメリカのための大会なんだな」との印象を私は強く受けました。

それでも選手たちは割り切って、まったく動揺することなく試合に臨んでくれました。

一方、「ベースボールへのリスペクトの念がある」のもアメリカです。警察の誘導で空港からホテルまでバスを送ってくれたり、赤信号でも優先的に球場まで移動させてくれたり。日本では絶対ありえない光景だな、と1つの社会勉強になりました。

⑧⑨高級ホテル宿泊、美味しい食事で英気を養う

世界最高峰の野球の大会。そして、さすが「侍ジャパン」です。日本の最高級のホテルに宿泊させていただきました。美味しい食事をいただきながら、選手たちは円卓でコミュニケーションを取れました。

特にメジャーリーグの選手たちが合流したとき、ヌートバー選手、吉田選手、ダルビッシュ投手、大谷選手らと一緒の円卓に座れたのです。メジャーの選手たちには何げない話でも、若い選手にとっては大きな刺激を受けた意見交換の場になったと思います。「絶対メジャーに行きたい」という選手が増えるだろうなと思いました。

最終的にアメリカまで帯同したWBCスタッフは50人ぐらいでしょうか。監督・コーチが8人、選手が30人、バッティングピッチャー、ブルペンキャッチャー、トレーナー、アナリストのスタッフ、背広組のスタッフ……。宮崎合宿から始まり、名古屋（強化試合）で減り、また大阪（強化試合）で減り……。アメリカでも超高級ホテル。

一生で2度と泊まることはないだろうなと思いながら、私は満喫させていただきました。

今回のＷＢＣ、本当に、何から何まで、得がたい経験をさせていただきました。

取材・構成　飯尾哲司

著者略歴

鶴岡慎也（つるおか・しんや）

1981年4月11日生まれ。鹿児島・樟南高校で捕手として甲子園に2度出場。三菱重工横浜硬式野球クラブを経て、03年ドラフト8位で日本ハムに入団、4度のリーグ優勝に貢献。14年にFAでソフトバンクに移籍し、日本一3度。18年から日本ハムに復帰、選手兼任コーチを務める。ダルビッシュ有、斎藤佑樹、大谷翔平（いずれも日本ハム）、摂津正、サファテ、千賀滉大（いずれもソフトバンク）とバッテリーを組んだ。21年を最後に現役引退。現役19年通算1220試合、646安打、打率.238、20本塁打、267打点。ゴールデングラブ賞（09年）、ベストナイン（12年）、オールスター出場2度。現在は野球解説者。2023年第5回WBCでは、日本代表のブルペン捕手を務めた。

SB新書　628

超《ちょう》一《いち》流《りゅう》の思《し》考《こう》法《ほう》

侍《さむらい》ジャパンはなぜ世《せ》界《かい》一《いち》になれたのか？

2023年9月15日　初版第1刷発行

著　　者　鶴《つる》岡《おか》慎《しん》也《や》

発 行 者　小川 淳

発 行 所　SBクリエイティブ株式会社

〒106-0032　東京都港区六本木2-4-5

電話：03-5549-1201（営業部）

取材・構成　飯尾哲司

装　　丁　杉山健太郎

本文デザイン
D T P　株式会社ローヤル企画

校　　正　有限会社あかえんぴつ

編　　集　北 堅太（SBクリエイティブ）

印刷・製本　大日本印刷株式会社

本書をお読みになったご意見・ご感想を下記URL、
または左記QRコードよりお寄せください。
https://isbn2.sbcr.jp/22466/

落丁本、乱丁本は小社営業部にてお取り替えいたします。定価はカバーに記載されております。
本書の内容に関するご質問等は、小社学芸書籍編集部まで必ず書面にて
ご連絡いただきますようお願いいたします。

ISBN　978-4-8156-2246-6